一目でわかる！
2015年度「相続税」改正のポイント
相続の仕組みと

2015年1月1日より相続税の基礎控除額縮小により、大幅に増えた相続税対象者。統計では地価の高い東京23区はもちろんのこと、地方都市でも立地によっては土地付きマイホームの所有者までも、相続の義務が生まれてくると言われています。

注意したいのは「相続」と「相続税の申告・納税」はまったく別物だということ。同じような資産規模の家庭に見えても、それぞれの家族構成、お持ちの資産によって、大きく変わってくるのが相続です。まずは相続の基本を知ってください。

巻頭1

❶ 資産を継ぐ人を知りましょう

資産を継ぐ人（相続人）は民法で定められており、相続する順位も決まっています。

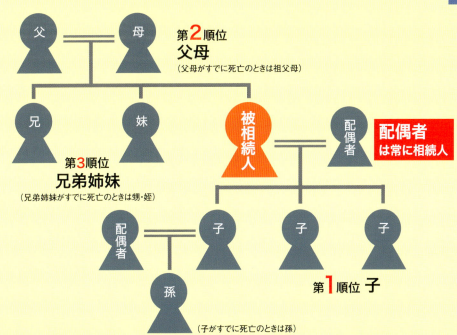

❷ 一般家庭にも関係ある基礎控除額の引き下げ

相続税の基礎控除額が4割引き下げられることにより、多くの家庭に影響を与えます。

平成26年12月31日まで（改正前）

基礎控除5000万円
＋
1000万円×法定相続人

		基礎控除額
法定相続人が	1人	6000万円
	2人	7000万円
	3人	8000万円
	4人	9000万円
	5人	1億円
	6人	1億1000万円

平成27年1月1日〜（改正後）

基礎控除3000万円
＋
600万円×法定相続人

		基礎控除額
法定相続人が	1人	3600万円
	2人	4200万円
	3人	4800万円
	4人	5400万円
	5人	6000万円
	6人	6600万円

❸ 最高税率が引き上げによる影響は？

一定以上の地主さんや資産家には影響を与えます。

平成26年12月31日まで（改正前）

法定相続分に応じた取得価格	税率	控除額
1000万円以下	10%	—
3000万円以下	15%	50万円
5000万円以下	20%	200万円
1億円以下	30%	700万円
3億円以下	40%	1700万円
3億円超	50%	4700万円

平成27年1月1日〜（改正後）

法定相続分に応じた取得価格	税率	控除額
1000万円以下	10%	—
3000万円以下	15%	50万円
5000万円以下	20%	200万円
1億円以下	30%	700万円
2億円以下	40%	1700万円
3億円以下	45%	2700万円
6億円以下	50%	4200万円
6億円超	55%	7200万円

❹ マイホームをお得に引き継ぐ!

マイホームだけでなく、事業用地、アパートなどもお得に引き継げる「小規模宅地の特例」を有効利用しましょう。

●小規模宅地等の特例の見直し

	A	B	C
	被相続人が居住していた宅地等	被相続人が事業を営んでいた事業用の宅地等	被相続人が所有する事業貸付用の宅地等
平成27年1月1日〜(改正後) 減額される面積	330㎡まで (改正前は240㎡まで)	400㎡まで	200㎡まで
減額される割合	80%	80%	50%

AとBはそれぞれ上限まで併用でき、**合計730㎡まで**使用可能

AとC、BとCは、今まで通り面積の調整が必要

平成27年1月1日より、小規模宅地の特例の限度面積が拡充されました。とくに、居住用と事業用の宅地等は、限度面積の上限まで併用できるようになりました。

❺ 忘れてはいけない生前対策

相続対策では、いざ相続が起こる前にしっかり準備しておくことが大切なのです。

- ● トラブルを防ぐため「公正証書遺言」をつくりましょう。

- ● 保険金は現金で相続するよりお得です。

- ● 毎年110万円までは贈与税がかかりません！

- ● 親から子へ住宅取得資金の援助は、一定金額まで贈与税はかかりません。

- ● アパート、マンション経営は節税対策になります。

- ● 孫を養子にして基礎控除を増やすこともできます。

相続準備に「早すぎる」はありません。
遺される家族のためにもしっかり準備をしておきましょう。

「8000件超の相続対策」相談を受けた税理士の答え

まだ間に合う！
モメない、払いすぎない
"相続"の備え

ランドマーク税理士法人
代表税理士
清田幸弘
Yukihiro Seita

はじめに

　平成25年度に行なわれた税制改正により、平成27年1月から、相続税と贈与税の改正が施行されました。

　少子高齢化の拡大が懸念される日本では、毎年約120万人が亡くなっています。
　その中でも「相続税を払う人はごくわずか」、「大金持ちの資産家や地主だけの話」と思っている人が大多数でしたが、それは大きな誤解です。
　相続税の改正により基礎控除額の引き下げや税率構造の見直し等が行なわれました。
　課税対象者は激増、「相続税は富裕層だけ」なんて考えは通用しません。

　何十年も支払い続けてようやくローンが終わったマイホーム・・・
　長年勤めた会社の退職金・・・
　遺された家族のための保険金・・・
　これまで節約してコツコツ貯めてきた預金・・・

　これらが相続税の対象になってしまうのです。

　また「相続税の申告や納税の有無」と「相続」は別物です。
　たとえ相続税が課せられなくても、人が亡くなれば「相続」は必ず発生します。
　相続税から逃れることはできても、相続争いに巻き込まれる可能性は誰にでもありえるのです。たとえ数十万円の財産であっても、財産は財産。相続は決して「他人事」ではないのです。

相続対策は今からでも間に合います。

早ければ早いほど良いものですが、相続を控えているならば「遅すぎる」ということはありません。

備えあれば憂いなし、きちんと対策を行えば、税金を引き下げられます。

本書では相続をテーマにして、生前対策をお考えの方、相続が発生された方、相続税申告が終わった方向けへのアドバイスをお伝えします。

難しい税務の話や専門用語も多くありますが、基本的に相続は「人」と「人」の間で行われるもの。ある程度のことを理解して、きちんと対策しておけば、家族間のいさかいも最小限に抑えられますし、税金を大きく減らすことができます。

いざというときに慌てないためにも、きちんと考えておきましょう。

まずはご自身やご家族を振り返ってください。そして次のチェックシートに印をつけてみてください。

●お子さん向けチェックシート

あなたは親の相続に対する「備え」が必要ですか？

□ 親の年齢が50歳以上
□ 親が病弱である
□ 親が再婚している
□ 兄弟が2名以上いる
□ 親と同居している。または親と同居する兄弟がいる
□ 家業を継ぐ予定。または家業を継ぐ予定の兄弟がいる
□ 親の持ち家がある
□ 保険金、預金、有価証券などたくさんあり把握できていない
□ 親が地主、農家である

チェックの数＿＿＿＿＿＿＿＿＿＿

●親御さん向けチェックシート

ご自身やご家族について振り返ってみましょう

□ 年齢が50歳以上
□ 自身もしくは配偶者が病弱である
□ 再婚している
□ 子供が2名以上いる
□ 子供と同居している
□ 子供が家業を継ぐ予定
□ 持ち家がある
□ 保険金、預金、有価証券などたくさんあり把握できていない
□ 地主、農家である

チェックの数＿＿＿＿＿＿＿＿＿＿

いかがだったでしょう。3ヶ所以上当てはまったら要注意。今すぐ対策が必要です。

本書では「親の財産を相続するお子さん（相続人）」、「自身の相続について不安を持つ親御さん（被相続人）」、どちらの視点からでもわかりやすいように、相続を円満に解決する方法を解説しています。

本書の流れは以下のようになっています。

1章　あなたも相続の対象になっています！
相続税がかかる人はどんな人？　相続でもめたらどうなるの？　まったく知識のない人にこそ、知っていただきたい相続について。相続税の改正についても解説します。

2章　相続税を引き下げる基礎知識
実際に人が亡くなったときにどうしたらいいのでしょうか。必ず役立つ相続の基礎知識と手続きのスケジュール、それから相続税を引き下げるために抑えておきたい、7つのポイントをお伝えします。

3章　～1000万円から2億円まで～
円満解決した14件の相続事例！　あなたの相続財産をチェックして、実際の相続金額、相続税がかかるのかどうかを計算してみましょう。財産額別のケーススタディから、相続の実態、解決策を学ぶことができます。

4章　払いすぎた税金を取り戻した4件の還付実例！
支払ってしまった相続税に対して「高過ぎるのではないか」、そんな疑問を感じた方には「更正の請求」をお勧めします。諦

めてはいけません。支払いすぎた税金は取り戻すことができるのです。

5章　知らなきゃ損する！　生前対策と税務の落とし穴

　節税効果抜群の具体的な生前対策ノウハウと、知っておけば得をする税務知識の最新情報をご紹介します。相続争いを避けるための「正しい遺言書の作成テクニック」は必見です。

　このように相談案件8000件超、相談申告件数1400件超という当事務所の実例をもとに、初心者の方でもわかりやすい内容としました。
　難しい税務知識は不要です。
　あなたや家族の身に降りかかる相続の問題を、いますぐ把握してください。また、既に重荷を背負っている方はその荷物を少しでも軽くしてください。

清田幸弘

目次

〈巻頭カラー特集〉 一目でわかる！　相続の仕組みと
　　　　　　　　　　　2015年度「相続税」改正のポイント

はじめに ……………………………………………………………… 3

1章
国民"総"相続時代の幕開け！
～ 2015年1月、相続税改正の真実～

「相続なんて関係ない」と思うのは間違っています …… 16

家族間だからこそ、泥沼になりやすい。
もめる相続、その結末は？ ……………………………………… 18

大増税時代の幕開け ……………………………………………… 19

子供が少ない家庭は覚悟してください！ …………………… 22

50歳になったら相続準備をはじめましょう ……………… 24

何をすべき？
ステップでわかる、生前対策メニュー ……………………… 26

「親」の死……
いざ、そのときに後悔しないためには ……………………… 30

子どもに迷惑をかけず相続するために ……………………… 31

質問が多い相続 Ⓠ&Ⓐ ………………………………………… 34

2章
まだ間に合う！
相続税を払いすぎないための基礎知識

- 相続の基本、そもそも相続とは？ …………………… 40
- 相続の手続きとスケジュール ………………………… 41
- 誰が相続できるのか…相続の範囲と順位 …………… 46
- 生前に必ずしておく7つのポイント …………………… 49
- 困る前に専門家に相談しましょう！ …………………… 51

3章
～1000万円から3億円まで～
円満解決した14件の相続事例！

- まずは資産のたな卸しからはじめましょう ………… 54
- あなたの相続額はいくら？
  相続財産チェックシート ………………………………… 55
- あなたの相続をシミュレーション！ …………………… 56

実録！ マル得相続ケーススタディ

Case 1 …………………………………………………… 59
財産はないけれど死亡保険金の支払いがあった
資産総額1000万円の事例

Case 2 61
　神奈川県小田原市のシャッター商店街の一角に
　自宅兼店舗を持つ生花店
　資産総額3000万円の事例

Case 3 64
　資産の半分以上は神奈川県藤沢市の自宅の土地
　相続人が11人もいる
　資産総額5000万円の事例

Case 4 67
　180平米の土地と預貯金2500万円を持つ
　千葉県市川市サラリーマン
　資産総額6000万円の事例

Case 5 71
　両親ともに死去、埼玉県川口市の自宅土地と
　預貯金を巡り子供同士が泥沼の相続争い
　資産総額6000万円の事例

Case 6 74
　奥さんの死亡保険金に合わせて200平米の
　自宅土地もある東京都町田市
　資産総額7600万円の事例

Case 7 78
　神奈川県厚木市のサラリーマン家庭
　220平米の自宅を二次相続した
　資産総額1億円の事例

Case 8 83
　子供が都内に自宅所有、親が老人ホームに入居した
　静岡県静岡市
　資産総額1億3000万円の事例

Case 9 ······ 87
子世帯が同居をしなくても特例が使えた
愛知県名古屋市
資産総額1億5000万円の事例

Case 10 ······ 90
神奈川県鎌倉市の老舗和菓子店
一次相続で遺言を覆した結果
兄弟間の分割争いとなった
資産総額1億7000万円の事例

Case 11 ······ 97
自宅の他に貸家が2棟
サラリーマン兼不動産賃貸業を営む
資産総額2億円の事例

Case 12 ······ 102
東京都多摩ニュータウンに三代続いた地主蕎麦屋
孫を養子に迎えて生前対策をした
資産総額2億円の事例

Case 13 ······ 108
高級介護付きマンションの入居一時金と
小規模宅地の特例で評価を圧縮した
資産総額2億8700万円の事例

Case 14 ······ 112
青空駐車場に新築アパートを建てた
神奈川県横浜市の元公務員地主
資産総額3億円の事例

4章
払いすぎた税金は取り戻せる！
実際におこなった還付実例集

地主さん、税金を払い過ぎていませんか？ ………… 120
終わった申告、支払った税金も取り戻せる！ ………… 120
「更正の請求」の手続きの流れ ………… 121

相続税還付額別事例集
── こんなに税金が戻ってきた！

更正の請求 Case 1 ………… 124
相次相続控除と土地評価の見直しで800万円還付された
横浜市勤務医の事例

更正の請求 Case 2 ………… 127
横浜市在住の会社役員兼不動産賃貸業
土壌汚染による評価減で1500万円還付の事例

更正の請求 Case 3 ………… 130
代々農業を営む横浜郊外の地主さん
市街化調整区域の雑種地など土地評価の見直しで
3400万円還付の事例

更正の請求 Case 4 ………… 133
東京都世田谷区の地主さん
夫婦養子による相続で広大地評価が適用されて
1億5800万円還付の事例

5章
知って得する！
8つの生前対策と6つの税務控除＆特例

プロが選んだ！ 効果的な8つの生前対策
① 遺言書の作成 ·· 137
② 保険金の控除、受取人指定 ································· 144
③ 生前贈与❶　暦年贈与で次世代に財産を移転 ········ 145
④ 生前贈与❷　相続時精算課税制度 ······················· 146
⑤ 財産の圧縮　専従者給与など ····························· 148
⑥ 親から子へ住宅取得資金援助 ····························· 149
⑦ 不動産投資による節税効果 ································ 151
⑧ 養子縁組による節税ノウハウ ····························· 155

読者に知っておいてもらいたい
　有利になる6つの税務控除＆特例
① 小規模宅地等の特例特例 ··································· 158
② 配偶者の税額軽減 ·· 163
③ 夫婦間における居住用財産の贈与 ······················· 164
④ 遺留分の減殺請求 ·· 164
⑤ 相続が10年以内に続く場合は、相次相続控除 ······· 166
⑥ 土地の評価 ··· 166

「出発点を見失わないこと」をモットーに
お客様の人生をサポートしていきたい　税理士 宮倉 正行 ······ 170

おわりに ··· 173

国民"総"相続時代の幕開け！

～2015年1月、相続税改正の真実～

「相続なんて関係ない」と思うのは間違っています

「はじめに」のチェックシートで3ヶ所以上当てはまった方は、相続税の有無、申告の有無、また、親族間の分割争いの可能性など、さらに深く確認する必要があります。

前提として「うちは財産がないから関係ない」「家族仲が良いから心配ない」という考えは、むしろナンセンスということを理解してください。
「財産をもらえる権利がある」と言われれば、誰しも「欲しい」というはず。とくに兄弟間では、双方の認識が大きく違っていることもよくあります。

たとえば、横浜市郊外に住む三世代家族。土地をいくつか所有するご主人（72歳）と奥さん（66歳）に、同居する40代の長男夫婦、まだまだ教育費のかかる孫もいます。
その他に家庭を持って独立した娘夫婦。こちらの孫はまだ小学生です。
サラリーマンの長男と引退したご主人の仲はいいですが、奥さんとお嫁さんはしょっちゅう衝突しています。
お嫁さんは若い頃、奥さんから厳しくされていましたが、最近は「いずれは介護してもらう身」と、奥さんの方が弱い立場に変化しているところ。
そのせいか、近くに住む娘と会うときは「うちの嫁はきつくて・・・」と愚痴ばかりもらしています。
それを受けて、娘さんは「お父さんが亡くなったら、私たちと暮らしましょうよ！」と提案しています。奥さんは「それも

いいか」と思っています。

　それぞれの心の中を見てみましょう。まずは被相続人である、ご主人。
「家を守ってもらいたいから、長男にすべてを継がせたい」
　そして、配偶者である奥さん。
「まったく自分に財産がないのは不安だわ。主人はなんでも長男夫婦を一番に考えているけれど、同じ子供なんだから娘夫婦のことも少し考えて欲しいわ」

　親御さんと同居する相続人の長男。
「家を継ぐし、これから墓を守っていくのだから、すべて相続するのは当然。でも、節税対策もしたいから、おふくろとの配分を考えないといけないな」
　長男のお嫁さんの意見も無視できません。
「どうせ私一人がお義母さんの老後を看ることになるのだし、義妹夫婦に遺産がいくのは納得できないわ」

　妹夫婦からすれば、長男がすべてを継ぐことに不満があります。
「お兄さんはこれまで同居していたのだから、家賃負担もなかったでしょ。お父さんが亡くなったら、お母さんは私たち夫婦と暮らしましょう。遺産も平等にわけてもらわないと」
　妹のご主人だって口を出します。
「とにかく権利分だけはしっかりともらえよ！」

　こんな風に家族間の思惑が微妙にズレていては、分割争いになりかねません。

1章　国民"総"相続時代の幕開け！〜2015年1月、相続税改正の真実〜

家族間だからこそ、泥沼になりやすい。もめる相続、その結末は？

　先の家族のように、相続にはそれぞれの立場があります。家族だからといって、皆が同じことを考えているということはありません。
　むしろ、家族だからこそ、「わかってくれているだろう」という甘えがあり、以心伝心に期待し過ぎている部分があります。

　繰り返しになりますが、相続争いと相続税は関係ありません。

　自宅の土地建物はもちろん、数百万円の預金、場合によっては数十万円のへそくりですら争いの種になりえるのです。
　相続の配分についての相続人間の話し合いを「遺産分割協議」といいます。もしも、相続人の間で決着がつかなければ、一体どうなるのでしょうか。

　家庭裁判所に調停を申し立て、それでもまとまらない場合は審判で決着をつけることになります。
　もちろん、調停・審判には手間も費用もかかります。とくに弁護士に依頼すると費用はかなりの負担です。そして、決着がつくまで何年もかかるケースもあります。
　何年も争っている家庭では、もはや金銭の問題ではなく、お互いのプライドの問題になってしまっていることもあります。まさにドロ沼です。

　血族間で争いをすることを「骨肉の争い」とも言いますが、まさに家族の崩壊です。相続争いは百害あって一利なしです。

驚かれるかもしれませんが、血を分けた家族だからこそ、一度こじれるとなかなか理解しあうことは難しい現実があります。

ましてや、財産が絡んでくるとなれば、事前準備なくして円滑に進むということは、かえってまれなケースといえるでしょう。

大増税時代の幕開け

さて、ここからは「相続税」の話になります。

平成27年（2015年）1月、いよいよ改正相続税が施行されました。

「大増税」「税率の引き上げ」などといった「相続税」に関するトピックを、テレビ・新聞・雑誌・インターネットで目にする機会が増えているのはないでしょうか。

実際、今回の税制改正というのは、"庶民泣かせ"ともいえるでしょう。

これまでは「4.3％の人に対して、相続税がかかる」とされていました。おおよそ20人が亡くなると1人という割合です。

それが今回の税制改正では、7％の人が課税対象に広がります。改正以前と比べて1.5倍に増えるのです。

この改正がどれだけの多くの影響をおよぼすのか、「よくわからないから・・・」と他人事のように考えている方は、認識を改めることが必要です。

納税はなくても、相続税の申告を行なわなければならない人は激増します。

また、すでに課税対象となっていたケースにおいては、税負担が確実に増えることになります。

まず、どういう方が申告をしなくてはいけないのでしょうか。
改正以前は次のように決まっていました。

平成26年12月31日まで
| 5000万円＋1000万円×法定相続人の数 |

たとえば、ご主人が亡くなって、奥様とお子様2人が遺された場合では、法定相続人が3人になりますから、

| 5000万円＋1000万円×3＝8000万円 |

8000万円が基礎控除でした。それが税制改正で6割となりました。

平成27年1月1日から
| 3000万円＋600万円×法定相続人の数 |
| 3000万円＋600万円×3＝4800万円 |

つまり基礎控除額が4800万円まで下がります。
　そうしますと、今まで5000万円の財産を持っていらした人は、相続税とは縁がなかったのですが、今回の税制改正で申告をしなくてはいけなくなります。

　実際には、特例などで相続税を払わなくてもよいケースも多いのですが、その場合でも必ず申告が必要です。
　イメージとしては、家を持っていて預貯金が若干あれば、ほとんどの方が相続税の申告をしなければいけなくなります。

　このように納税はなくても申告をしなくてはいけない方は、かなりの数が増えると思われます。

ましてや、これまで基礎控除ギリギリだった人に関しては、あきらかに申告対象となります。
　とくに土地の評価額の高い、首都圏に限っては影響が大きいのではないでしょうか。
　正確なデータはありませんが、東京に限れば、これまではマイホームを所有しているくらいであれば、何もしなくてもよかったのが、申告をしなくてはいけない状況になるでしょう。
　逆に土地の評価が低い地方都市では、「申告をしなくては・・・」と思っていても、実は申告をしなくてもよい人が多くなります。

　国税庁も今回の税制改正では「本来なら相続税の申告書を出さなければいけない人が申告書を提出しない、という事態になった場合が問題だ」という話になっているようです。
　土地の名義が変われば、その情報は自動的に税務署へ渡りますので、ごまかすことはできません。
　じつはこれまでも相続税の申告書を出さなければいけないのに、申告書を提出していない人がいました。

　今回の税制改正で財産が少ない人も申告書を提出しなければならないわけですから、それが申告書を提出している人と、提出していない人が入り混じっているというのは問題です。
　もちろん、「バレなければ良い」というものではありません。
　納税の義務があるにも関わらず、知らなくて出さない場合には無申告加算税というペナルティがありますので、やはり注意は必要です。

子供が少ない家庭は覚悟してください!

　読者の皆さんからすれば、「相続税の納税があるのか」「申告義務があるのか」がもっとも関心事だといえます。
　少子化の進む今、子供のいない家、1人っこの家庭が増えています。

　両親が亡くなり子供がいない家の場合では、兄弟が法定相続人になります。分割が大変ですけれど、法定相続人が増えるので、申告書を出さなくていいというケースもあります。
　しかし、子供が1人の家庭は納税の可能性が高くなります。
　たとえば、ご主人が亡くなったとき奥様が財産を全部引き継いだケースでは、奥様が亡くなって子供が1人しかいないとなると、基礎控除が3600万円です。
　3600万円というと、家が3000万円で預貯金が1000万円を持っていれば、これで申告の対象になります。
　やはり地価が高い東京のような大都市では圧倒的に対象者が増えるのです。

　詳しくは第3章で解説していますが、ここでは簡単にチェックできる簡易計算シートを用意しました。
　ご自身が当てはまるか計算してみましょう。

1章 国民"総"相続時代の幕開け！ 〜2015年1月、相続税改正の真実〜

```
マイホーム    _____
   ＋
その他不動産   _____
   ＋
預金       _____
   －
借入       _____
_____

①

3000万円 ＋ 600万円 × _____ （法定相続人の数）
 ＝ ②_____

 ①  －  ②  ＜  1
```

　マイホームやその他の不動産については、土地は路線価をご確認ください。建物は固定資産税評価額をご確認ください。

　計算の結果、資産のトータル①が基礎控除②より上回っていれば、相続税申告・納税を行なう必要性が高いでしょう。

　ご自宅を所有されている方の場合、「小規模宅地の特例」を使う条件が整っていれば、何百万円も得するケースがあります。

　特例を使用するための条件は、いろいろありますが、必ず遺産分割を済ませているのが前提で、なおかつ申告が要件です。また「配偶者の税額の軽減」も同様です。

　このように相続税対策では、納税の有無や節税を考える前に、

きちんと分割が済んでいることがもっとも重要です。納税や申告には期限がありますから、前もって家族で話しあっておかなければいけません。

50歳になったら相続準備をはじめましょう

　準備をはじめるのは、やはり早ければ早いほど良いでしょう。目安として「50歳になったら相続対策をしましょう！」と言われています。
　まず行なうことは資産のたな卸しと相続税の試算です。資産のたな卸しについては3章で詳しく説明しています。

　中には納税がないにも関わらず、漠然と心配している人もいます。試算をしっかりやっていないと、必要でないのに「相続税対策でアパートを新築」「相続税対策として保険加入」というのが往々にしてあるのです。
　現金をつぎ込んでしまって、老後資金が手薄になってしまうことにもなりかねません。
　相続税が払い切れない額だと問題がありますが、試算を行なった結果、納税義務はあっても10万円程度だったり、あるいは申告をすれば税金が出ない人も多くいらっしゃいます。
　まずは相続税の試算をしていただいて検討するのが重要です。
　先ほど簡易計算シートをご紹介しましたが、あくまで「簡易」です。目安として使っていただき、しっかりとした計算は税金のプロである税理士におまかせいただくのが一番です。

　ここでひとつ注意点を申し上げます。
　既に不動産に強い顧問税理士がいる方は良いですが、これま

で税理士とのお付き合いのない方は、くれぐれも相談先を慎重に選んでください。

相続税改正に伴い、相続税に関する情報が溢れ、相談先も増えていきました。行政や税理士会の無料サービスもあります。

たとえば、当事務所では2012年から相談業務を行なっていますが、初回のお問合せから面談までが無料サービスで、相続税の試算と対策のご提案までを10万円という定額制で行なっています。

試算については土地の公図まで取り寄せて、しっかりとした評価を行ないます。その結果、相続が発生して相続税の申告を行なうことになれば、改めて契約をして、その際には相続税申告報酬額より10万円お値引していますので、実質は無料ということになります。

大変好評をいただいていますが、このように相談内容と料金を明確にしている税理士事務所が皆無とはいいませんが、さほど多くないのが現状です。

相続税の試算を行なうだけで数十万円程度の請求は普通、中には数百万円の請求をする税理士もいます。明確な説明や料金の記載がない場合は、必ず事前に内容を問い合わせることをおすすめします。

また税理士の専門性についても留意が必要です。というのも医師は「内科」「皮膚科」「外科」といったように専門分野に別れていますが、税理士にも専門があります。

同じように専門分野がわかりにくいのは弁護士で、「離婚問題」に強いのか「会社倒産」に強いのかでは全く変わってくるものです。

税理士についていえば、「相続」に強いのか「とくに相続では、どれだけ経験を積んできたか」を重要視しましょう。

1章 国民"総"相続時代の幕開け！ 〜2015年1月、相続税改正の真実〜

というのも、毎年、全国で申告される相続申告件数は5万件程度ですが、それに対して、全国の税理士登録数は74926人（平成27年1月末日現在）です。

つまり税理士1人当たり、2年間で1件程度しか相続税の申告に触れる機会がない計算になります。

とくに相続税評価の中でも、土地の評価はとても難しく専門家同士でも意見が分かれるところです。経験のない税理士にまかせて評価を間違えていた・・・なんてことも起こりえます。その結果、何千万、何億円という損をしたケースがあります（第4章で紹介しています）。

そのため相続税の試算を行なうための税理士については「とりあえず、近所で頼もう」「知り合いに紹介されたから・・・」と安易に選ばず、その専門性や実務経験も考えることが大切です。

その上で料金とサービスが明確であることが、賢い税理士の選び方です。

何をすべき？ステップでわかる、生前対策メニュー

次に下記のステップを参考して、生前対策を具体的にどう進めていけば良いかを考えていきましょう。

たとえ「うちは財産がないよ」という家庭でも、遺言は考えておくのがいいと思います。

より資産が多い家庭ほど多くの対策を実行する必要があります。

Step 1 　まずは現状を知ろう

- □相続財産の評価額を計算・・・相続財産のたな卸しを行い、評価額を計算してみましょう。
- □相続税の試算・・・相続財産の評価額より計算します(専門家に依頼することをおすすめします)。

Step 2 　生前対策とは？

- □遺言書の作成・・・相続が争族にならないためには必須の対策です。
- □養子縁組・・・相続人が増えることで、基礎控除・非課税枠の拡大が見込めます。
- □生前贈与・・・暦年贈与では受贈者ごとに毎年110万円まで非課税です。配偶者控除の特例、住宅取得資金の特例などで、さらに非課税枠が広がります。
- □小規模宅地等の特例の適用条件・対象の確認・・・第二の基礎控除といわれるほど重要な特例です。
- □賃貸物件の建築・購入・・・賃貸物件の建築、購入などで財産の評価額が圧縮されます。併せて消費税還付の可能性も必ず検討しましょう。
- □問題地の解消・・・共有状態にある土地・建物や貸宅地の権利関係の整理、収益を生み出していない市街地山林の売却などを事前に行なうことが重要です。
- □青色申告・・・青色事業専従者給与を活用して、家族に財産を分配できます。

□小規模企業共済の加入・・・個人事業主の死亡退職金として受け取れるので、非課税枠の適用があります。
□生命保険・生命共済の加入・・・遺産分割に充てる財産として、遺留分減殺請求対策の原資として、納税資金として、幅広く活用できる現金です。
□会社の設立・・・不動産管理法人への物件売却による財産の圧縮・流動化、給与を支払うことによる財産の分配など、多面的な節税効果を発揮します。
□会社で生命保険・生命共済の加入・・・保険金・共済金を死亡退職金・弔慰金として受け取ることができるので、非課税枠をフル活用できます。
□会社（非上場株式）の事業承継・株価対策・・・株価が圧縮されたタイミングを見計らって贈与していきましょう。
□会社への貸付金（運転資金など）の精算・・・未処理のままだと、全て全財産と見なされてしまいます！

□納税方法の検討・・・現金一括で支払えるでしょうか？　売却できる土地は確保していますか？　金融機関からの借り入れが必要ではありませんか？

□農地等の納税猶予制度の検討・・・農業を続けられる場合だけの特典です。相続税の納税が一部猶予されます。

□成年後見制度の活用・・・親族がすでに認知症を発症している、もしくは、自身の判断能力がなくなる前に対策を打っておきたい場合、後見人の準備が必要です。

□墓地・墓石の購入・・・これらは相続税の非課税財産のため、生前に購入すれば節税につながります。

Step3 相続が発生したら・・・

□ 名義変更の手続き・・・相続税がかからなくても必要な手続きです。
□ 相続税申告・納税・・・相続税額は不動産評価で大きく変わります。当事務所では圧倒的な申告実績とノウハウで、質の高い申告書類を作成いたします。

Step4 相続税申告が終わっても

□ 税務調査の対策・準備・・・申告期限後5年間は、まだまだ安心できません！
□ 相続税の見直し・・・申告期限後5年以内に申告を見直すと、税金が戻るかもしれません！
□ 二次相続対策の検討・・・二次相続のシミュレーションを基に対策しましょう！

（注）上記は平成27年1月1日時点の税制に基づき作成しております。今後の税制改正により、内容が変更になる可能性がありますのでご注意ください。

「親」の死……
いざ、そのときに後悔しないためには

　さて、実際に「相続」について考えた場合、ご自身の立場が子供であったなら、親御さんの死についてあれこれ意見を言うことは、なかなか難しいでしょう。

　とはいえ、いつか誰もが迎える「親の死」。そして親の財産はいつか子供が引き継いでいくものです。

　現在、病床にあってタイミングの予測がつくという人もいるでしょうが、大抵の「死」は思いがけないときに突然やってくるものです。

　心構えもなく、知識もなく、しかも準備不足であれば、遺された子供たちはシビアな現実にさらされます。

　物心つかない小さな子供、まだ教育費のかかる未成年の子供、親元から離れて別世帯をかまえている子供、親の跡をついで家業を営んでいる子供、一口に子供の立場といっても様々です。

　「親の死」について、気になってはいるものの「まだ早い」「言い出しにくい」と、つい後回しにしてしまいますが、生前に話し合い、対策を行なうのはとても大事なことです。

　そのときになって慌てないためにも、親御さんが元気なうちに勇気を持って準備をはじめてください。

　日本人は自分の意見を言うこと、主張をすることが苦手です。財産目録を作ることや、節税のために生前対策を練ることも大事ですが、親御さんの遺志をはじめ、家族それぞれの考えを把握しあうことも必要なのです。

　故人となる親御さん、相続人のすべてが満足できる相続とい

うのは難しいかもしれませんが、行なった分だけきちんと効果が得られるのが「相続対策」なのです。

子どもに迷惑をかけず相続するために

　続いては親御さんに向けてです。定年が近づいてきて老後を考えるようになった・・・、もしくは、お子様が自立されて別世帯をもった・・・、そんな時に「家族の将来」について考えてみませんか。

　配偶者である奥様、ご主人はお元気でしょうか。自身の老後はもちろん、その後については、どのようにお考えですか。

　現在、働いていらっしゃれば、忙しいでしょうし、先々のことをじっくり考えることは大変かもしれません。

　ご自分の先々について、「縁起でもない」と思ってしまう心情もよく理解できます。

　「仕事を引退してからでいいだろう」と思っている方も多くいらっしゃいますが、相続については一歩早めに準備を進めておくのがベストです。

　というのも、どんな資産家であっても、どんなに健康であっても、自分の「未来」は読めないからです。

　また「うちは家族仲が良いから大丈夫」といっても、安心はできません。

　自身が存命のうちは、家族の信頼や絆があって、皆が仲良くしていたのに、ご主人が亡くなることによって、一転して家族がバラバラになってしまうこともあるのです。

　とくに、お父さんであるご主人が亡くなったときには、子供たちがお母さんを助ける形で協力していたのに、お母さんであ

1章　国民"総"相続時代の幕開け！〜2015年1月、相続税改正の真実〜

る奥様が亡くなった途端、仲の良かった兄弟が自分の家族のことだけを考えるようになるケースが多く見られます。
　成人して独立した兄弟が自分の家族を思うのは、けしてエゴではありません。
　とくに気になるところでは、あなたの老後のお世話をするのは誰なのでしょう。事業を継ぐのはご長男でしょうか。
　昔のように「長男がすべてを引き継ぐ」とは限りません。結婚せず生涯独身で過ごす人も増えているため、昔からの慣習はあまり意味がないのです。
　また地主さんであれば、「先祖代々からの土地を守りたい」という気持ちも強くあることでしょう。

　このように様々な事情や思惑が絡んでくるものです。
　実際、今のような時代ですから家族間で争うケースが多くあります。
　争わないためには、やはり自身の意向をしっかり遺すこと。つまり遺言書が必要なのです。
　遺言書の作成については「うちには財産なんてないから」ということはありません。
　平成24年の司法統計年報によると、調停案件になった家庭のうち、76％の家庭の財産規模は5000万円以下になっています。
　すべての人が関係することですから、納税有無にかかわらず、ぜひ作っていただきたいと思います。
　今では遺言書についての認知度も広がっており、公正証書遺言に関していえば1990年に比べて倍に伸びています。

　そして、相続税が出る人に関しては、いろいろな対策がありますが、中でも生前贈与が非常に重要だということです。
　年間110万円という基礎控除額から「そんな少ない生前贈与では効果がないでしょう」と否定的な人もいらっしゃいます。

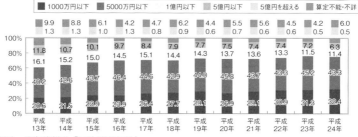

遺産分割事件の遺産総額別内訳の推移

出所：最高裁判所「司法統計年報」

遺言公正証書作成件数の推移

※上記遺言公正証書件数には、秘密証書遺言書の件数は含まない。
出所：最高裁判所「司法統計年報」

　しかし、おじいちゃんおばあちゃんが1年間に5人の孫へ100万円ずつ贈与すれば年間500万円です。

　これを20年も続ければ1億円になります。

　こうした贈与を多くの人数に長い期間やっていただいたことで、相続税も贈与税もかからず次の世代へあげられるのです。

　どうでしょう。大きな効果だと思いませんか？

　ですから私は、相続税対策の決め手はなんといっても生前贈与だと思っています。

　詳しくは第3章の事例をご覧いただきたいですが、小規模宅地の特例の適用が受けられるよう、しっかり勉強してコントロールしていただければと思います。

　対策を行わなかったことで、家族間で争った結果、土地を守るどころか手放さなくてはならないこともあります。

　いつからはじめても「早すぎる」ということはありません。遺される家族のために準備をしておきましょう。

質問が多い 相続 Q&A

　相続や相続税についての情報はたくさんありますが、自分の知りたいことについては、意外とわからないものです。
　ちょっとした知識があるだけで、とるべき行動が変わってきます。また同じ質問であっても置かれた立場によって、選択すべき方法が変わってくるものです。
　ここでは当事務所に寄せられたご相談から、相続の基本となる疑問、また多くいただく質問に絞ってご紹介いたします。

Q どれくらいの資産があれば、遺言書を書いた方がいいですか？　　　　　　　会社役員　男性　68歳

A 資産規模は関係ありません。分割方針が決まったら、いつでも遺言書を作成しましょう。
　遺言書には「自筆証書遺言」「公正証書遺言」「秘密証書遺言」の3種類がありますが、トラブルを防ぐためには「公正証書遺言」を選ぶことをおすすめします。

Q 遺言書が無い場合は、どのように遺産を分けるのでしょうか？　　　　　　　　　主婦　女性　57歳

A 相続人全員で話合い、資産をどのように分けるか決めます。分割協議の目安になるのは「法定相続分」とその割合です。分け方が決まったら誰が何を相続したかを明記して「分割協議書」を作成します。

その際に相続人全員で署名と実印が必要です。

Q 遺産分割の話がまとまらないときはどうなりますか？
　　　　　　　　　　　　　　　　　無職　男性　74歳

A 特例が使えないため、一番高い相続税を納めることになります。3年内に分割協議ができれば、改めて計算し直して税金を取り戻せます。

協議がまとまらないときは、家庭裁判所で調停をします。調停とは調停委員という第三者が間に入って行われる当事者間の話し合いです。

そこで決まらない場合は、裁判となります。弁護士費用が長期でかかり、数年単位で決まらない人も多く見受けられます。

Q どのようなタイミングでプロ（税理士）に相談したらいいですか？
　　　　　　　　　　　　　　　　　会社員　男性　38歳

A 相続税がかかるかも・・・、と思ったときに相続税シミュレーションをしてみることをおすすめします。早ければ早いほど良いでしょう。

Q 親より子供が先に亡くなった場合、相続人はどうなりますか？
　　　　　　　　　　　　　　　　　無職　男性　78歳

A 子の配偶者と孫、子供がいない家庭では、親（質問者と質問者の配偶者）になります。

Q 生前贈与がおすすめと聞きますが、贈与のコツはありますか？　　　　　　　　　　主婦　女性　51歳

A 早い段階で非課税枠（110万円）を使って長い期間、多い人数に贈与することです。

渡したことを客観的に証明できて、もらった方も知って管理する必要があります。

贈与の契約書をつくり、お互いに持っているとより良いでしょう。

Q 「賃貸経営は節税になる」と聞きました。本当でしょうか？　　　　　　　　　　農業　男性　48歳

A アパートを建てた場合、土地建物の財産評価がともに低くなるため基本的には相続税は少なくなります。

注意したいのは、賃貸経営には空室リスクがあることです。ただ建てればよいのではなく、将来にわたって賃貸経営をしていけるのか（借入金のある場合は、きちんと返済していけるのか）をしっかり検討することが必要です。

Q 子供に賃貸不動産を継がせたいのですが、良い方法はありますか？　　　　不動産賃貸業　男性　69歳

A 共有状態をつくらず単独名義にすることです。権利関係が複雑になってしまうと、どうすることもできない（塩漬け状態）になることがあります。

誰に何を継がせるのかを決めたら、遺言書をつくりましょう。

Q 広い土地の節税対策を教えてください。
　　　　　　　　　　　　　　会社役員　男性　75歳

A 広い土地をお持ちの場合、「広大地の評価」という評価方法を用いることができる可能性があります。適用が可能性な場合、比較的評価額が低くなる傾向があります。専門家によく相談してください。

Q 相続税が払えない時はどうなりますか？
　　　　　　　　　　　　　　　　主婦　女性　62歳

A 原則として期限（被相続人の死亡した日の翌日から10ヶ月以内）までに払ってください。払い方としては現金一括が基本です。

　できない場合は、金融機関からの借入があります。国の制度として延納・物納もあります。

　納税対策としては保険をおすすめしています。500万円×法定相続人の数の控除にくわえ、死後3日後などスピーディに保険金を支払う保険会社も増えています。

Q 相続税を多く払い過ぎているような気がします。どうしたらいいですか？　　会社員　男性　56歳

A 申告期限から5年間は払い過ぎた分を取り戻せる期間です。税金還付を受けるためには「更正の請求」手続きを行わなければいけません。

　まずは税理士に相談することをおすすめします。とくに不動産評価に関しては一般の方では計算が難しく、税理士によっても評価が割れやすいため、必ず相続専門の税理士を選びましょう。

1章　国民"総"相続時代の幕開け！〜2015年1月、相続税改正の真実〜

親からもらった結婚資金は贈与になりますか。
自営業　男性　42歳

 都度生活費ということで、贈与にはなりません。金額は常識的な範囲、結婚式の平均価格程度であれば大丈夫です。

　注意点としては兄弟からみて不公平に感じられる場合、相続争いの際に「特別受益」（被相続人から受けた特別な利益）ということで、その利益分を遺産分割の際に計算に入れて修正を行うことがあります。

　なお、子供や孫へ贈与をするときの非課税制度が2015年度から変わり、結婚資金の贈与について新たに300万円の非課税枠ができました。

Q 相続税を兄弟に払ってもらったらどうなりますか。
パート　女性　50歳

A 贈与税がかかります。たとえば3人兄弟の相続税を長男がまとめて、支払った場合、仮に300万円ずつであれば、基礎控除110万円を引いた190万円に対して、それぞれ10％の贈与税かかります。

2章

まだ間に合う！相続税を払いすぎないための基礎知識

相続の基本、そもそも相続とは?

　そもそも相続とは何でしょうか。相続とは人の死亡により、その亡くなった人（被相続人）の残した遺産を民法で定められている法定相続人が取得することをいいます。そして、相続人が取得した財産に対して課税される税金を「相続税」といいます。中でも相続人やその他の人が遺言によって財産を取得した場合を「遺贈」といい、遺言によって財産を与えた人を「遺贈者」、財産をもらった人を「受遺者」といいます。

　ただし相続税には基礎控除があり、遺産の評価額が基礎控除の金額以下であれば相続税はかからず、税務署に対する申告も必要ありません。また、評価額が基礎控除を超える場合でも、申告をすることによって使える税務上の特例により、相続税がかからないケースもあります。特例については5章（P135～）で詳しく説明しています。

　基礎控除額＝3000万円＋（600万円×法定相続人の数）

　相続の開始は被相続人が亡くなったタイミングです。民法の規定では、「相続は死亡によって開始する」とされていますが、この他にも、たとえば「失そう宣告」のような法的に死亡とみなされる場合にも、相続が開始されます。

　失そう宣告とは、一定期間（通常7年）、所在及び生死が不明な人を、家族の請求によって死亡したものとみなすという制度です。

相続の手続きとスケジュール

亡くなってからの手続き、相続申告のスケジュールはとても慌ただしいものです。1週間以内に死亡届を提出し、3ヶ月以内に「遺産内容を引き継ぐかどうか決める」手続きを行ないます。

そして確定申告を行なう必要があれば、4ヶ月以内に「所得税の申告」を行ないます。さらに相続税の課税対象になれば、10ヶ月以内に「相続税の申告」「相続税の納付」を行なう必要があります。

<死亡後の届出と相続税手続きまでの流れ>

①被相続人の死亡より7日間以内
　・通夜、葬式、初七日の法要
　・死亡届の提出
　・遺言書の有無を確認
　・相続人、相続財産の確認

②3ヶ月以内
　・相続放棄、限定承認の申述
　※相続放棄とは、相続人が被相続人の財産及び債務について一切の財産を受け入れないこと。限定承認とは、プラスの財産の範囲内で債務を引き継ぐことです。
　なお、限度承認で不動産を取得した場合は、被相続人で譲渡所得の申告を要します。

③4ヶ月以内
・被相続人にかかる所得税の申告・納付（準確定申告）

④10ヶ月以内
・財産の評価、鑑定
・遺産分割の決定・分割協議書の作成、納税猶予を受ける場合はその手続き
・相続税の申告・納付
※納付方法には金銭で一括納付、延納、物納と3つの方法があります。延納、物納については、申告書の提出期限までに申告書類を提出しなければなりません

⑤期限なし
・不動産の名義変更、預金等の名義変更の必要書類の準備

＜相続関連の各種届出　チェックシート＞

手続き、届出(受付窓口／期限)、必要書類をチェックシートにしました。スケジュールに合わせてご活用ください。

死亡時の届出
□死亡届（死亡者住所地の市区町村／7日以内）
□生命保険の請求書（保険会社／3年以内）

財産の名義変更手続き
□不動産（不動産所在地の法務局／遺産分割決定後はいつでも可）
□株式（証券会社・株式発行法人／遺産分割決定後はいつでも可）
□預貯金（預入金融機関／遺産分割決定後はいつでも可）
□自動車（陸運局(運輸支局)／遺産分割決定後はいつでも可）

＜手続きに必要となる資料一覧＞

相続税申告に関する書類

	必要書類	交付機関	確認事項
申告書等	相続税の申告書・税務代理権限書	―	提出期限は相続発生日から10ヶ月以内です。
	贈与契約書・贈与税申告書控等	―	被相続人から過去3年以内に暦年課税の贈与を受けているもしくは相続時積算課税制度の適用を受ける贈与を受けている場合に必要となります。
	過去5年分の所得税・消費税の確定申告書	―	確定申告をしている場合には必要となります。
	過去の相続税の申告書	―	今回の相続開始前に相続により財産を取得している場合に必要になります。
遺産分割	遺言書	公証役場等	公正証書遺言または家庭裁判所の検認を受けた遺言書
	贈与契約書	―	死因贈与がある場合に必要となります。
	遺産分割協議書	―	相続税の各種の特例をうける際に必要となります。
被相続人	略歴書	―	学歴・職歴等について
	戸籍謄本(除籍)謄本・改製原戸籍	本籍地の市町村役所(場)	法定相続人や、養子の人数を確認します。
	住民票の除票	住所地の市町村役所(場)	本籍と現住所が異なる場合に必要となります。
相続人	戸籍謄本	本籍地の市町村役所(場)	養子縁組・代襲相続人・非嫡出子・父母の一方のみを同じくする兄弟姉妹がいるか確認します。
	住民票	住所地の市町村役所(場)	本籍地の記載があるものになります。
	印鑑証明書	同上	相続人全員分が必要となります。
	特別代理人選任の審判の証明書	家庭裁判所	相続人に未成年者がいる場合には特別控除があります。
	成年後見登記事項証明書	―	相続人に成年被後見人がいる場合には必要となります。
	障害者手帳等	―	相続人に障害者がいる場合には特別控除があります。
	家庭裁判所の相続放棄申込受理証明書	家庭裁判所	相続を放棄した人がいる場合には必要となります。

2章 まだ間に合う！ 相続税を払いすぎないための基礎知識

	確認書類	交付機関	確認事項
土地／建物等	名寄帳又は納税通知書の課税証明書	所在地の市町村役所(場)	土地や建物を評価するのに必要となります。
	固定資産税評価証明書	同上	
	登記簿謄本	法務局	
	公図又は測量図	所在地の市町村役所(場)	
	土地家屋の賃貸借契約書	―	賃貸借している土地・建物がある場合に必要となります。
	小作に付されている旨の農業委員会の証明書	農業委員会	
	農業振興地域農用地証明書	所在地の市町村役所(場)	農用地がある場合に必要となります。
	農業委員会の適格者証明書	農業委員会	相続税の納税猶予の適用を受ける場合には必要となります。
	納税猶予の特例適用農地等該当証明書	所在地の市町村役所(場)	特定市の区域内の農地等である証明書になります。
	贈与税の免除届出書・申告書の控え	―	贈与税の納税猶予の特例の適用を受け入れていた場合に必要となります。
	その他土地の無償返還に関する届出書等	―	法人税法・相続税法等に基づく通達の規定等による、土地の賃借に関する届出書類を提出している場合に は、その確認が必要となります。
現金／預貯金	預貯金残高証明書・預貯金通帳・定期預金証明書・解約計算書等	取り扱い金融機関	名義は異なっても、被相続人に帰属するものも含まれます。
	金銭信託の残高証明書	同上	金銭信託がある場合に必要となります。
有価証券	株券・国債等またはその取引残高報告書、出資証券	証券会社・信託銀行	名義は異なっても、被相続人に帰属するものも含まれます。

	確認書類	交付機関	確認事項
生命保険金／退職手当金等	死亡保険金等の支払調書	取扱生命保険会社等	生命保険金（死亡保険金）がある場合に必要になります。
	保険証書の写し、支払保険料計算書、確定申告書等	同上	被相続人が保険料を負担していた生命保険契約等がある場合に必要となります。
	相続開始後支給された退職金の支払い調書等	勤務先会社等	退職手当金等がある場合に必要となります。
事業用財産／農業用財産／家庭用財産	決算書・減価償却内訳明細書・償却資産申告書・総勘定元帳等	―	事業（農業）用財産がある場合に必要となります。
	現物を確認できるもの	―	高額な家庭用財産がある場合には必要となります。
その他の財産	金銭消費貸借契約書	―	貸付金がある場合に必要となります。
	年金通帳の写し・恩給の通知	―	年金・恩給の未収分、過払い分の確認を行います。
	死亡後の給与明細等	―	役員報酬・給与・賞与等の未収分の確認を行います。
	会員証	―	ゴルフ会員権や、レジャークラブ会員権等がある場合に確認が必要となります。
	保険証券等	―	長期の火災保険や、建物更正共済契約等がある場合に確認が必要となります。
	電話加入権の権利等を確認できるもの	―	電話加入権がある場合に確認が必要となります。

2章　まだ間に合う！　相続税を払いすぎないための基礎知識

誰が相続できるのか…相続の範囲と順位

　民法では相続人の範囲（法定相続人）を、被相続人からみた次の人と定めています。

＜法定相続人＞
配 偶 者…夫または妻（先妻、先夫、内縁者は相続人になりません）は常に相続人になります。

子　　供…子供が先に死亡している場合には、子供の子供である孫（直系卑属）が相続人になります。また養子も相続人になります。税法上、相続税の総額を計算する上では養子については、実子がいる場合には一人まで、いない場合には二人までと定められています。（定められた人数以上の養子がいる場合でも相続することはできます）民法上は養子が何人でも差支えありません。

　　親　…被相続人に子がいない場合、親が相続人になります。その親も死亡している場合は親の親である祖父母（直系尊属）が相続人になります。

兄弟姉妹…被相続人に子、親共にいない場合には、兄弟姉妹が相続人になります。さらに兄弟姉妹が先に死亡している場合には、その兄弟姉妹の子が相続人になります。

＜優先順位と分割割合＞

　遺産を相続できる人には順位があります。配偶者は常に相続人となり、それから血族に対して順位がつけられています。第一順位は子、第二順位は親、第三順位は兄弟です。基本が下、次が上で、上も下もいなかったら横にいくという仕組みです。

　第一順位である子が死去している場合は、孫が代襲相続します。第一順位、第二順位がいない場合のみ、第三順位の兄弟姉妹が相続人となり、兄弟姉妹も死去の場合は甥、姪が相続人となります。代襲するのはここまでになります。

　法定相続分を、次の図で説明しますと、この場合は配偶者が2分の1、長男から三男までが6分1となりますが、死去した長男の分として、2人のお孫さんに12分の1ずつ（合計して6分の1）になります。

　父親が亡くなると叔父叔母たちが、「私たちにも相続権がある！」としゃしゃり出るなんて話を聞いたことがありますが、第一順位の子供がいる限り、そんな事はありえない話です。

　実際の相続で第三順位までくることは、なかなかありません。しかし、もともと子供がおらず、高齢になって親も他界していれば、第三順位の兄弟姉妹が相続人になることもありえます。

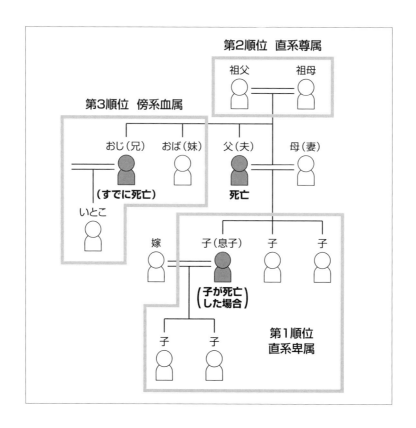

＜法定相続人ごとの分割割合＞
　第1順位　子供（直系卑属）1/2　配偶者1/2
　第2順位　親（直系尊属）1/3　配偶者2/3
　第3順位　兄弟姉妹1/4　配偶者3/4

　第3順位の法定相続人や、法定相続人以外への遺贈には、納税額に2割の加算がされます。

生前に必ずしておく7つのポイント

　相続税における最も重要なポイントは「節税対策」「納税資金対策」「争族対策」の3つです。しかし、その前にいくつか把握すべきことがあります。

　1章でも説明しましたが、相続は誰にでも関係あることです。しかし、相続税に関しては、相続財産や相続人によって変わってきます。また法改正によって申告・納税が拡大されました。その点も踏まえて、次の7つのポイントを確認しておきましょう。

①財産内容の把握と整理

　まずは財産内容を調べます。どの金融機関にどれくらいの預金を保有しているのかは、本人以外知らないことです。

　どんな財産がどこにあるのか、どんな状態であるのはしっかり確認する必要があります。

　財産には大きく不動産と動産があります。不動産は自宅や店舗、その他に賃貸アパートなどを所有しているのか。

　動産は銀行預金、有価証券などです。退職金、保険金はみなし財産として相続財産に含まれます。

　また住宅ローンや借金の連帯保証といったマイナス資産も相続しなくてはいけないため、債務もきちんと確認しましょう。

②相続財産の評価額を試算

　財産内容の整理ができたら、それぞれの評価額を計算します。評価方法は財産によって変わります。

　詳しくは3章（P53～）をご覧ください。

③相続税がかかるなら税額の試算

評価額が出たところで「納税の有無」、つまり、相続税の支払いが必要か否かが判明します。

相続税がかかるようであれば、これも試算する必要があります。一般の方では難しくなるため、この時点で税理士へ相談するのが良いでしょう。

④相続人の確認

相続財産を把握すると同時に相続人の確認も行ないます。先の「相続の範囲と順位」(P48～)を自身に当てはめて下さい。法定相続人の数で基礎控除額の計算が行えます。

⑤相続税対策としての生前贈与

相続税がかかるようであれば、生前に相続税対策を行ないます。生前贈与を利用して相続税の納税額そのものを減らす方法です。詳しくは5章(P135～)をご覧ください。

⑥納税資金対策

相続財産が主に土地であった場合、「自宅を売らないと税金が払えない！」ということもあります。また「配偶者の老後の生活資金を切り崩さなくてはいけない」など、金額にもよりますが納税は切実な問題です。

生命保険金を活用して、不動産を譲渡または物納することなく相続税の納税を完結させることができる場合があります。

⑦争族対策としての遺言

相続人間で遺産争いが起こるのを未然に防ぐための対策です。遺言を活用することで、個々の財産の帰属を明確にしたり、相続人以外の人に財産を与えることもできます。くわしくは5章(P137)をご覧下さい。

困る前に専門家に相談しましょう!

　相続には様々な専門家がいます。税理士を通じて各専門家を紹介することもできます。ここでは、どんな専門家がいて、どういった業務内容をおこなっているかを紹介しましょう。

　専門家を選ぶ際のポイントは、P24でも紹介しましたが、必ず「相続を専門にしている」「相続の実績がある」ことです。

　専門家選びで失敗する理由として、これまでの顧問税理士や親戚の紹介など、身近なところに依頼した結果、満足できなかったというケースが多いようです。

　紹介された税理士がたまたま「相続に強い」ということであればいいのですが、税理士にも専門があります。もちろん弁護士も同様です。

　相続では家庭の事情や財産をすべてさらけ出す必要があります。信頼のおける専門家を見つけましょう。

＜申告業務＞

　・税理士
　　税金の専門家です。相続税の申告や相続財産の評価、遺産分割のアドバイスを行ないます。

＜調査／書類作成＞

　・司法書士
　　戸籍の調査や不動産の名義変更(相続登記)を行ないます。

　・行政書士
　　相続人確定の調査(戸籍収集)や遺産分割協議書の作成を

行ないます。

・土地家屋調査士
土地の調査や測量、不動産表示登記に関する手続きを行ないます。

＜分割協議＞

・弁護士
裁判での弁護だけでなく、争いにならないよう調整を行なうのも仕事のひとつです。遺言の執行や遺産分割協議で話し合いがまとまらないときにトラブル解決の手助けを行ないます。

〜1000万円から3億円まで〜
円満解決した
14件の相続事例！

まずは資産のたな卸しからはじめましょう

　同じような世帯で同じような家庭環境でも相続税がかかる場合、かからない場合があります。預金はもちろん、住宅ローンがあるのか、生命保険をいくらくらいかけているのか、小さな話のようですが自家用車の車種にまでかかわってきます。
　もっと基本的なことでは、通帳や印鑑が見つからないなど、事前の準備不足で慌てることになります。プラスの財産だけでなく、あとから借金が見つかるなどもありえるのです。

　2章で詳しくお伝えしましたが、亡くなったときは、お通夜やお葬式の手配からはじまって、1週間以内に死亡届を提出して、3ヶ月以内に「相続をするか否かを決める」手続きを行わなくはいけません。
　確定申告の必要がある場合では、4ヶ月以内に「亡くなった人の所得税申告」を行なった上で、相続税を支払う必要があれば、10ヶ月以内に「相続税申告、納付」をしなければいけないのです。
　税金関係は申告をしなかったり、税金の支払いが遅れるとペナルティが課されます。とくに相続税は厳しくなっており、1日の遅れですら無申告加算税といって5〜20％も追徴されます。
　仕事が忙しいご主人であれば、家のことはすべてを奥さんまかせにしてあって「通帳が何冊あるのか知らない」なんてこともありがちです。ましてや、親の財産ともなれば、詳しいことはなかなか知りえないのが現実です。
　まずは財産のたな卸しからはじめましょう。どこに何があるかの把握が必要です。それが相続の第一歩になります。

あなたの相続額はいくら？ 相続財産チェックシート

プラスになるもの		
不動産	自宅の敷地	路線価＿＿＿＿＿×（330㎡までの部分）＿＿＿㎡×20%[※1] ＝＿＿＿＿＿万円
	自宅の敷地	路線価＿＿＿＿＿×（330㎡超えの部分）＿＿＿㎡ ＝＿＿＿＿＿万円
	自宅の建物	固定資産税の評価額＿＿＿＿＿＝＿＿＿＿＿万円
	貸家の敷地	路線価＿＿＿＿＿×＿＿＿㎡×80%[※2] ＝＿＿＿＿＿万円
	貸家の建物	固定資産税の評価額＿＿＿＿＿×70%＝＿＿＿＿＿万円
金融資産	現金(相続開始時の残高)＿＿＿＿＿万円	
	預貯金(親が死亡した日の残高)＿＿＿＿＿万円	
	有価証券(親が死亡した日の時価)＿＿＿＿＿万円	
その他	自家用車(下取り査定価格)＿＿＿＿＿万円	
	家財一式(再調達に要する価格)＿＿＿＿＿万円[※3]	
	金・貴金属(親が死亡した日の時価)＿＿＿＿＿万円	
	事業用財産を含む動産、工業所有権など＿＿＿＿＿万円	
	みなし相続財産／生命保険金＿＿＿＿＿万円	
	3年以内の贈与財産(贈与時の時価)＿＿＿＿＿万円	
マイナスになるもの		
借金(債務・各種ローン)＿＿＿＿＿万円		
買掛金＿＿＿＿＿万円		
あなたの相続財産の評価額＿＿＿＿＿万円		

※1 小規模宅地等の特例適用の場合です。　※2 概算のため80%として計算します。
※3 一般的には30万円程度

　どんな財産があるのかを書き出したら、実際に相続財産の計画額を計算してみましょう。プラスとマイナスどちらも計算することが重要です。なお、「時価」となっているものは概算で

も大丈夫です。

あなたの相続をシミュレーション！

　相続財産がわかったところで、相続財産別のケーススタディをチェックしましょう。財産総額だけでなく相続人の数や職種など、自分に当てはまりそうな事例を参考にしてください。

　相続は必ずしも「これが正しい」という答えはありません。家族の数だけ解決策があるといっても過言ではないのです。

　しかし「知らなかった」ことによる損害は意外と大きいものです。相続税がかからないケースでも申告が必要であったり、うっかり計算し忘れていたため税金を多く払わなくてはいけなくなった・・・ということもあります。

　法定相続人の数や相続人は配偶者であるのか、それとも子供であるのかによって控除額も変わってきます。

　ケーススタディの解決策である「生前対策」や「税務知識」については、おもに5章で説明しています。詳しい解説も記載してありますので確認ください。

【ご注意】
　ケーススタディは過去に当事務所に寄せられた相談・申告を、現行の法律に修正して紹介・解説しています。

財産別ケーススタディ 14

	相続人1人	相続人2人	相続人3～4人	相続人5人以上
財産額 1000万円 ～ 4000万円		ケース1→P59 財産額 1000万円	ケース2→P61 財産額 3000万円	
財産額 5000万円 ～ 9000万円	ケース6→P74 財産額 7000万円	ケース4→P67 財産額 6000万円		ケース3→P64 財産額 5000万円 ケース5→P71 財産額 6000万円
財産額 1億円 ～ 1億4000万円		ケース7→P78 財産額 1億円		
財産額 1億4000万円 ～ 1億9000万円	ケース8→P83 財産額 1億3000万円	ケース9→P87 財産額 1億5000万円	ケース10→P90 財産額 1億7000万円	
財産額 2億円 ～ 2億9000万円		ケース11→P97 財産額 2億円	ケース12 →P102 財産額 2億円	
財産額 3億円	ケース13 →P108 財産額 2億8700万円		ケース14 →P112 財産額 3億円	

3章 ～1000万円から3億円まで～ 円満解決した14件の相続事例！

実録！マル得相続ケーススタディ

ケース1 ……………P59
財産はないけれど死亡保険金の支払いがあった
資産総額1000万円の事例

ケース2 ……………P61
神奈川県小田原市のシャッター商店街の一角に自宅兼店舗を持つ生花店
資産総額3000万円の事例

ケース3 ……………P64
資産の半分以上は神奈川県藤沢市の自宅の土地相続人が11人もいる
資産総額5000万円の事例

ケース4 ……………P67
180平米の土地と預貯金2500万円を持つ千葉県市川市サラリーマン
資産総額6000万円の事例

ケース5 ……………P71
両親ともに死去、埼玉県川口市の自宅土地と預貯金を巡り子供同士が泥沼の相続争い
資産総額6000万円の事例

ケース6 ……………P74
奥さんの死亡保険金に合わせて200平米の自宅土地もある東京都町田市
資産総額7600万円の事例

ケース7 ……………P78
神奈川県厚木市のサラリーマン家庭220平米の自宅を二次相続した
資産総額1億円の事例

ケース8 ……………P83
子供が都内に自宅所有、親が老人ホームに入居した静岡県静岡市
資産総額1億3000万円の事例

ケース9 ……………P87
子世帯が同居をしなくても特例が使えた愛知県名古屋市
資産総額1億5000万円の事例

ケース10 ……………P90
一次相続で遺言を覆した結果兄弟間の分割争いとなった
資産総額1億7000万円の事例

ケース11 ……………P97
自宅の他に貸家が2棟
サラリーマン兼不動産賃貸業を営む
資産総額2億円の事例

ケース12 ……………P102
東京都多摩ニュータウンに
三代続いた地主蕎麦屋
孫を養子に迎えて生前対策をした
資産総額2億円の事例

ケース13 ……………P108
高級介護付きマンションの入居一時金と小規模宅地の特例で評価を圧縮した
資産総額2億8700万円の事例

ケース14 ……………P112
青空駐車場に新築アパートを建てた神奈川県横浜市の元公務員地主
資産総額3億円の事例

3章 ～1000万円から3億円まで～ 円満解決した14件の相続事例！

Case 1 財産はないけれど死亡保険金の支払いがあった資産総額1000万円の事例

相談者
美容師
山田勇太郎さん(仮名) 32歳
お住まい 千葉県千葉市

相続人
〈2人〉
配偶者(同居) 妻28歳
子(同居) 2歳

資産額
【1000万円】
内訳 保険金 1000万円
　　 不動産 なし

基礎控除額の計算
基礎控除
3000万円＋600万円×2（法定相続人の数）
＝4200万円

山田さん（仮名）は美容師といっても自営業ではありません。地元大手のチェーン美容室に勤務されていました。

結婚して5年、勤務歴は7年、奥さんと小さなお子様がいらっしゃいました。年収はさほど高くありませんが、生活は安定していたそうです。

山田さんは急病で死去されました。まとまった預金や不動産はありませんが、共済に加入していたため、死亡保険金が1000万円支払われました。

この場合、基礎控除4200万円になるため税金は関係ありません。相続対策の必要がないケースです。

相続税の対象にならないからといって、相続争いが起きないとは限りません。山田さんのお宅では奥様と小さなお子さまが相続人でしたが、これが大人の兄弟2人なら分割争いになる可能性になります。

このケースの資産は保険金です。保険金は受取人を指定することができるのが特徴ですが、保険の受取人に指定されている兄弟に対して、他の兄妹から不満がでることはありえます。

・税金の計算
相続税対象でないため、なし

ケース1のポイント

不慮の事故に備えて保険（生命保険）に入っておく（→P144）

神奈川県小田原市のシャッター商店街の一角に自宅兼店舗を持つ生花店 資産総額3000万円の事例

3章 ～1000万円から3億円まで～ 円満解決した14件の相続事例！

相談者
生花店経営
川本健一さん(仮名)　64歳
お住まい　神奈川県小田原市

相続人 〈3人〉
配偶者(同居)　妻61歳
子1(同居)　37歳
子2(別居)　33歳

資産額
【3000万円】
内訳　預金　800万円
　　　自宅(土地)　2000万円
　　　自宅(家屋)　200万円

基礎控除額の計算
基礎控除
3000万円＋600万円×3(法定相続人の数)
＝4800万円

川本さん（仮名）は神奈川県小田原市にある商店街で生花店を営んでいました。商店街といっても賑わいのある駅前商店街ではなく、いわゆるシャッター商店街の一角にあります。

　妻と長男の3人で力を合わせ、一生懸命ご商売をやってきましたが、なかなか売上が上がらず厳しい状況でした。

　そんな中、川本さんは胃がんで死去されました。基礎控除額が4800万円あるため、相続税の心配はありませんが、財産をめぐって分割争いがおこりました。

　「4分の1の750万円を相続する権利がある！」と強く主張するのは、大阪で独立しているサラリーマンの次男です。次男の主張は法定相続分ですから、正当な権利といえます。

　しかし、川本さんの残した預金は800万円。次男に750万円渡してしまえば、家業を継いだ妻と長男の手元には預金は50万円しか残りません。

・**解決策**

　相続税はかかりませんが、同居の家族へきちんと財産がいくような仕組みを作っておかなかったため、トラブルとなってしまったケースです。

　こういった分割争いを避けるためには、しっかりと生前対策を行う必要があります。

　川本さんのケースであれば、ご主人が奥様を受取人とした生命保険に加入しておき、自身の死去後に資金繰りがよくなるようにしておくのが望ましいでしょう。

　最低でも配偶者に保険金で2000万円は入るようにしておけば、分割争いの際「相続をしたら預金がなくなった」「家を売らないと現金を作ることができない」といったことがなくなります。

　そして、家業を継承する相続人に、しっかり財産を残すことができるように遺言書を作成しておくべきでした。

遺言書を作る際に注意するポイントとして、後継者が全財産を相続するとしても、この場合、大阪に住む次男には遺留分減殺請求が可能です。

　次男には遺留分として法定相続分の半分、「375万円を請求できる権利がある」ということです。

　生花店という個人経営ならば、生前から専従者給与という形で、配偶者や長男へ給料を払っておいて、預貯金をできるだけ家族に流して財産の圧縮を図っておくのも大事なことです。

・税金の計算

　相続税対象でないため、なし

ケース2のポイント

分割争いを避けるために遺言書を作成（→P137）
遺留分減殺請求に備え、保険金で相続用の財産作り
（→P164）
保険金は本来の財産ではないので分割の対象とならない
（→P144）
専従者給与にて財産の圧縮（→P148）

Case 3 資産の半分以上は神奈川県藤沢市の自宅の土地 相続人が11人もいる資産総額5000万円の事例

相談者	大工職人 山口隆さん（仮名）　82歳 お住まい　神奈川県藤沢市

相続人	〈11人〉 配偶者（同居）　76歳 甥姪（別居）　10人

資産額	【5000万円】 内訳　預金　1500万円 　　　自宅（土地）　3000万円 　　　自宅（家屋）　500万円

基礎控除額の計算	基礎控除 3000万円＋600万円×11（法定相続人の数） ＝9600万円

神奈川県藤沢市にお住まいの山口さん（仮名）は、心不全でお亡くなりになりました。腕の良い大工職人で、子供がおらず、配偶者の奥さんと2人暮らしでした。

第三順位となる兄弟（第一順位が子供、第二順位が親）も既に他界していますが、その子供たち、甥や姪が10人います。

今では少なくなりましたが、昔は兄弟が多かったため、高齢の方が亡くなられて相続人が二桁というのも珍しくなかったのです。

ご主人が亡くなった際、奥さんの名義になっている預貯金は自由に下ろすことができますが、ご主人名義の預貯金は、相続人である甥姪の印鑑をもらわないと下ろすことができません。

預貯金や不動産の名義変更を行なうためには、遺産分割協議書が必要です。分割協議書は、相続人全員の合意のもとに作成しなければならず、分割協議書の作成に際し、相続人全員の印鑑が必要になります。

つまり、配偶者である奥さんが、遠方に住んでいて疎遠にしている甥や姪の印鑑を集めなくてはいけないのです。

「顔も見たこともないような甥や姪、連絡先を確認するだけでも一苦労です。もう諦めたくなります」

と、奥さんはおっしゃいました。中には所在がわからなくなってしまい連絡のとりようがなく、預金がずっと下ろすことができず、凍結したままというケースもよくあるのです。

また山口さんのお宅はご主人名義です。甥姪の印鑑をまだ集めることができないため、そのままの名義で暮らしています。そのことを甥姪は知りません。

・解決策

財産額からいうと、税金は問題ありません。ただし、財産の権利関係を整理する必要があります。

具体的には甥や姪に印鑑をもらい、遺産分割協議書を作成しなくてはなりません。弁護士に依頼すると高額なので、司法書

3章 〜1000万円から3億円まで〜 円満解決した14件の相続事例！

士や行政書士に依頼して、書類を作成することをおすすめします。

なお、司法書士に依頼することができる遺産分割協議書は、不動産登記に関する部分についてです。相続財産全般についての遺産分割協議書を作成する場合は、弁護士か行政書士に依頼してください。

このようなケースの場合、生前に「配偶者に全財産を渡す」という遺言書を作ってもらえれば、遺留分を支払う必要がありません。

というのも子供、配偶者、親には遺留分がありますが、兄弟姉妹には遺留分がありません。したがって、兄弟の代襲である甥姪もまた遺留分の減殺請求権がありません。

なお、第三順位の相続人は相続税上でも相続税を払うとき2割加算になります。子供でもないのに遺言で他者にあげる場合も同じ2割加算の対象になりますので注意してください。

子供がいない場合の相続のトラブルは遺言により避けることができます。必ず遺言書を書くようにしましょう。書かなければ親族同士でもめて、収拾がつかなくなる可能性が高いです。

山口さんのケースでは4分の3を配偶者が相続し、4分の1を甥姪で分け合うことになりますので、預金の大部分がなくなってしまいます。

事前に対策をしておかないと、顔を見たこともない甥や姪に資産がいってしまいます。まったく知らずにいた配偶者にはショックでしょう。

・税金の計算

相続税対象でないため、なし

ケース3のポイント

子、親がいない場合は必ず遺言書を作成（→P137）
第三順位の相続人に対して相続税は2割加算（→P48）

180平米の土地と預貯金2500万円を持つ千葉県市川市サラリーマン資産総額6000万円の事例

3章 〜1000万円から3億円まで〜 円満解決した14件の相続事例！

相談者
元サラリーマン
中島秀雄さん（仮名）　75歳
お住まい　千葉県市川市

相続人
〈2人〉
配偶者（同居）　68歳
子（別居）　40歳

資産額
【6000万円】
内訳　預金　2500万円
　　　自宅（土地）　3000万円…180㎡
　　　自宅（家屋）　500万円

基礎控除額の計算
基礎控除
3000万円＋600万円×2（法定相続人の数）
＝4200万円

67

千葉県市川市の中島さん（仮名）のケースです。高校卒業後に大手電気メーカーに就職し、定年退職まで勤め上げました。
　在職中に貯めた定期預金と退職金を合わせて、銀行預金が2500万円あります。家を新しく建て直したばかりのタイミングで心筋梗塞でお亡くなりになりました。
　相続人は配偶者の奥さんと40歳の一人息子です。一流企業に勤務し、独立して自分の家族と持ち家に住んでいます。生活は安泰で幸いなことにもめる理由がありません。
　小規模宅地等の特例を利用して税金はかかりませんでしたが、基礎控除4200万円なので、申告の必要はあります。法務的には相続人が親と子供の2人だけのため相続争いはおそらく関係ないでしょう。

・法改正で考慮するポイント
　平成26年末までであれば、基礎控除が7000万円でしたから、申告の必要がありませんでした。平成27年の改正により対処が変わったケースです。どのようにすればよいかを紹介しましょう。
　まず相続税の申告は必要になります。
　ただし、中島さんのケースであれば、自宅を配偶者である奥さんが100パーセント相続すれば、相続税はかかりません。というのも、「小規模宅地等の特例」に該当するからです。この適用を受ける場合は、申告をすることが必要です。
　この特例は、被相続人が居住していた宅地等については、基本的に同居の親族か配偶者（それらの者がいない場合の別居の親族については、持ち家に居住していない場合）にしか適用されません。特定居住用宅地で330平米の面積までに限り、評価を8割下げます。
　今回のケースでは土地の広さが180平米、土地価格が改正前に3000万円でしたから、8割減で600万円まで評価が下がります。すると基礎控除額以下となり、税金がかからないということです。

中島さんのお宅はご長男が持ち家に別居しています。この長男が自宅の土地を取得すれば、「小規模宅地等の特例」が使えないため、600万円まで土地の価格が下がりません。この点はご注意ください。

　預貯金に関しては、早いうちに暦年贈与を行い、預貯金を家族に贈与しておくことも可能です。

　また、生前贈与（夫婦間における居住用財産の贈与）として、ご自宅の土地建物等を20年以上連れ添った配偶者に対して、同一配偶者間で一生に一回だけ、ご自宅の居住用不動産の土地建物等を、基礎控除と合わせて2110万円まで贈与することができます。その際は税金がかかりません。

　中島さんのケースでは、「小規模宅地等の特例」を使って、改正後も基礎控除を超えることはありませんが、基礎控除を超えて相続税が発生する可能性がある場合に、生前対策として「贈与税の配偶者控除」を適用する場合があります。

　「贈与税の配偶者控除」の対策は、登記費用等がかかるため費用対効果を考えて行なう必要がある税金対策です。

　当事務所では、大きな節税効果が見込める方に推奨しています。

・税金の計算

　☆改正前（平成26年末まで）

> (1) 預金＋土地・建物＝6000万円
> (2) 基礎控除額・・・5000万円＋1000万円×2（法定相続人数）＝7000万円
> (1)＜(2)　基礎控除額以下の為申告不要

☆改正後（平成27年より）

(1) 「小規模宅地等の特例」を適用すると、土地が3000万円から2400万円減額され、600万円になるため、財産額は3600万円
(2) 基礎控除額・・・3000万円＋600万円×2（法定相続人数）＝4200万円
(1) ＜ (2) 基礎控除額以下だが、「小規模宅地等の特例」を適用するため、申告をしなければならない。

ケース4のポイント

同居の相続人は「小規模宅地等の特例」（→P158）
結婚して20年以上経過した夫婦間における居住用財産の贈与（→P164）
暦年贈与で預貯金を生前贈与（→P145）

両親ともに死去、埼玉県川口市の自宅土地と預貯金を巡り子供同士が泥沼の相続争い 資産総額6000万円の事例

3章 ～1000万円から3億円まで～ 円満解決した14件の相続事例！

相談者
飲食業
大野秀雄さん(仮名) 79歳
お住まい 埼玉県川口市

相続人 〈5人〉
配偶者 なし
子1(別居) 54歳
子2(別居) 52歳
子3(別居) 49歳
子4(別居) 47歳
子5(同居) 45歳

資産額 【6000万円】
内訳 預金 2500万円
　　 自宅（土地） 3000万円
　　 自宅（家屋） 500万円

基礎控除額の計算
基礎控除
3000万円＋600万円×5（法定相続人の数）
＝6000万円

脳溢血で亡くなられた大野さん（仮名）は、埼玉県川口市でラーメン屋を営んでいました。

自宅も兼ねるお店は駅から外れた場所でしたが、評判の味で長く常連客に支えられてきました。

配偶者である奥さんを2年前に乳がんで亡くし、相続人は5人のお子さんです。ラーメン屋は同居している末っ子が二代目を継いでいます。

他のご兄弟も飲み屋などの商売をしていますが、「自分の味を継いでくれた末っ子に預貯金を渡しておきたい」と、ご主人は思っていたようで、常々末っ子にそのような話をしていました。

しかし話をするだけで遺言書の作成など、これといった対策はしていませんでした。

大野さんのように配偶者を早くに亡くした場合、もめる可能性が高いものです。余談になりますが、統計的に奥さんに先立たれると、ご主人も割合に早く亡くなります。これが逆の場合だと、奥さんは長生きするようです。

同居の末っ子が商売を継ぎましたが、残りの4人の兄弟も同業であり、現金は必要です。当然のごとく「財産をくれ！」と訴えます。

自宅兼店舗、土地家屋についても「売って金に換えてくれ！」と主張します。あるいは「このまま住んでいてもいいから金をくれ！」という理屈です。

どちらにしても自宅兼店舗を売らなければいけません。末っ子としても、亡くなられた大野さんとしても、不本意な結果となりました。

・解決策

典型的な分割争いのケースです。争いを避けるためにも遺言書を書くようにしましょう。

遺言書を書くことに加えて、預貯金を給料という名目でいっ

しょに働いている末っ子に分け与えていき、財産を減らします。
　贈与ではなく、青色事業専従者給与として渡すことで経費とすることができます。その他の対策として暦年贈与があげられます。

・税金の計算
　相続税対象でないため、なし

ケース5のポイント

分割争いを避けるために遺言書を作成（→P137）
専従者給与にて財産の圧縮（→P148）

Case 6 奥さんの死亡保険金に合わせて200平米の自宅土地もある東京都町田市 資産総額7600万円の事例

相談者
元教員
池田真一さん（仮名）　66歳
お住まい　東京都町田市

相続人
〈1人〉
配偶者　58歳…3年前に死去
子30歳（別居）　38歳

資産額
【7600万円】
内訳　預金　4600万円
　　　自宅（土地）　2500万円…200㎡
　　　自宅（家屋）　500万円

基礎控除額の計算
基礎控除
3000万円＋600万円×1（法定相続人の数）
＝3600万円

腎不全で亡くなった池田さん（仮名）は、東京都町田市で教員をしていました。

3年前に奥さんが交通事故で亡くなり2000万円（保険金・慰謝料）をご主人が全て取得しました。ご主人の退職金2600万円と合わせると4600万円の預金がありました。

マンションを購入して一人暮らしをしている長男は32歳です。相続資産が7600万円ということで、基礎控除額3600万円。差し引き4000万円に相続税がかかり、対策を行なわずにいると600万円の税額です。

このケースでは相続人が1名のため分割争いはありません。

・解決策

池田さんのケースはお子さんが持ち家にお住まいでしたが、預貯金を使って2世帯住宅に建て替えておけば、税金はかかりませんでした。

【方法1】 自宅家屋を建て直す

家屋の相続評価は固定資産税評価です。自宅を3000万円かけて建てれば、評価は半分の1500万円ほどになります。

4600万円（預金）－3000万円（建築費）

預金の残り　1600万円
自宅家屋の評価　1500万円

二世帯住宅で「小規模宅地等の特例」を適用し、土地（330㎡まで）の評価を8割減の500万円にします。合計3600万円で、納税不要になります。

【方法2】　親から子へ住宅取得資金援助

　池田さんの息子さんは分譲マンションをお持ちです。もしもの話になりますが、結婚などライフスタイルの変化によってマンションから1戸建へ、もしくはもっと広いマンションへの住み替えの希望がでることもあるでしょう。

　その場合、親から息子に事前に現金を贈与して、息子は省エネ住宅を建てるか、あるいは買い替えることをすれば、効果的な生前対策になりました。

　住宅取得資金援助による非課税枠は、毎年金額が変わりますが、平成27年は1500万円まで非課税です。詳しい資料は5章のP149にありますのでご確認ください。息子の自宅の購入を援助するのは、親の財産を子に移転するという意味になります。

　その他の対策として、預金から生前贈与を行うこともできます。暦年贈与といいますが、毎年110万円まで非課税で贈与できるので、これを繰り返すのも手です。

　毎年定額で贈与するのではなく、金額と時期をばらした方が、いらぬ誤解を招かないでしょう。これだけ財産があるのですから、「次の世代へ渡していきましょう」というイメージです。

　生前贈与には「相続時精算課税制度」という方法もありますが、これは将来的に相続が発生したときに、「過去にさかのぼって、その財産を全て足して計算しなさい」という制度になり、財産を完全に移転したことになりません。

　相続税が課税される方は暦年贈与をどんどん行っていく方がおすすめです。

　正解はひとつではありません、いかようにも組めるし、いろいろな可能性があります。節税は時代のタイミングも大きく関わります。

　ひとつひとつがハンドメイド、土地と建物の名義の組み合わせなどパズルみたいな要素があります。長い期間で関連付けれ

ば税金は0に近づけることができます。

・税金の計算
　☆自宅の建て直しを行なわなかった場合

> 資産総額 7600万円 − 基礎控除 3600万円 = 4000万円
> 4000万円にかかる相続税 = 600万円

　☆自宅の建て直しを行なった場合

> 預金 4600万円 − 自宅建築費 3000万円
> 預金の残り　1600万円
> 自宅家屋の評価→1500万円

　二世帯住宅に建て替え、自宅土地330㎡が「小規模宅地等の特例」に該当して8割の評価減になります。

> 自宅土地の評価　2500万円→500万円
> 相続額 3600万円 − 基礎控除 3600万円 = 0円

税金はかかりません。（申告は必要です）

――― ケース6のポイント ―――
親から子へ住宅取得資金援助（→P149）
暦年贈与で次世代に財産を移転（→P145）

Case 7 神奈川県厚木市のサラリーマン家庭 220平米の自宅を二次相続した資産総額1億円の事例

相談者
サラリーマン
（一部上場企業の課長）
村上謙一さん（仮名）　58歳
お住まい　神奈川県厚木市

相続人
〈2人〉
配偶者（同居）60歳…1年後に死去
子（別居…夫所有のマンションに居住）33歳

資産額
【1億円】
内訳　預金　7000万円
　　　自宅（土地）　2500万円…220㎡
　　　自宅（家屋）　500万円

基礎控除額の計算
基礎控除
3000万円＋600万円×2（法定相続人の数）
＝4200万円

村上さん（仮名）のお宅は一部上場企業でサラリーマンをされていたご主人が事故で亡くなり、ついで奥さんが1年後にご病気でなくなりました。一次相続、二次相続と相次いだケースです。

一次相続とは全財産を持っているご主人が亡くなったときの話です。「配偶者の税額軽減」という配偶者に与えられた特典によって、配偶者が相続した財産のうち1億6000万円まで、あるいは法定相続分、どちらか大きい方までは税金がかかりません。

簡単にいうと1億6000万円までの財産では、配偶者がもらってしまえば、税金を払わなくてもいいのです。

ところが、次に配偶者である奥さんが亡くなったとき、これを二次相続といいますが、二次相続時に税金がかかります。

二次相続の相続人は別居している娘さん1人です。家庭を持って夫所有のマンションにお住まいです。

・解決策

一次相続と二次相続を分けて考える必要がありますが、関連性が大きくあります。それぞれのタイミングに分けて説明しましょう。

【一次相続時】

一次相続である、ご主人の亡くなった際は、「配偶者の税額軽減」により、配偶者である奥さんが全財産を相続すれば、税金はかかりません。

なお、一次相続の相続人は2人で基礎控除額は4200万円です。このケースでは、配偶者である奥さんが全財産を取得したため、相続税は0でした。

【二次相続時】

二次相続の奥さんが亡くなったときは、相続人はお子さん1人

になり、基礎控除は3600万円に減額されます。

　一次相続から間もないため、二次相続はほとんど資産額が変わりませんし、相続人が1人だけとなり控除額も減額されますが、10年以内に相次いで相続が発生した場合は「相次相続控除」が受けられます。

　ただし、このケースでは、一次相続の際に税金が0のため、相次相続控除はありませんでした。

　できれば一次相続のときに、二次相続まで見据えておいた方がよいでしょう。「配偶者だけでなく、子供にも遺産分割をしておいた方が良かった」という場合もあります。

　分割するためには計算が必要になります。今回のケースで、一次相続で財産が目減りしないとすると、二次相続時には別居の子供に「小規模宅地等の特例」も使えないため、相続税は1220万円になります。

　もし、一次相続・二次相続を通算して、納税額を最小にしようと考える場合は、一次相続時にお子さんに3600万円相続させておけば、376万円（一時相続時235万円＋二次相続時310万円）の相続税ですみました。

　配偶者がいない二次相続でトラブルになるのは、兄弟が居る場合です。兄弟2人が両親の財産を奪い合うのです。

　二次相続が発生しそうな状況で、とくに家業をしているケースであれば、財産どころか「争いの種」まで相続してしまうことがあります。

　一次相続のときに、「相続税が安くなるから」といって配偶者がすべて相続するのは危険です。

　兄弟による泥沼の争いを避けるためには、両親は一次相続、二次相続を見据えて生前対策を行ないましょう。

・税金の計算
　☆一次相続で配偶者、二次相続で子供が基礎控除額を相続する場合

> 【一次相続時】
> 配偶者へ　自宅土地＋自宅家屋＋預貯金＝1億円
> （「小規模宅地等の特例」適用後 8000万円）
> 子へ　0円
> 相続額 8000万円－基礎控除額 4200万円＝3800万円

　配偶者の税額軽減を適用すれば、相続財産額1億6000万円まで無税のため相続税はかかりません！

> 【二次相続時】
> 「相次相続控除」なし、「小規模宅地等の特例」は別居の子供に適用外のため
> 相続額 1億円－基礎控除額 3600万円＝6400万円
>
> 6400万円にかかる相続税＝1220万円

　一次相続では相続税がかかりませんが、二次相続では相続税が1220万円かかってしまいました。

☆一次相続で配偶者と子供で分割、二次相続で子供が基礎控除額を相続する場合

【一次相続時】

配偶者へ　自宅土地＋自宅家屋＋預貯金＝3600万円
（「小規模宅地等の特例」適用後 1600万円）

子へ　預貯金6400万円
相続額 8000万円－基礎控除額 4200万円＝3800万円
相続税の総額は470万円、「配偶者の税額軽減」を適用し納税額は376万円

【二次相続時】

「相次相続控除」なし、
「小規模宅地等の特例」は別居の子供に適用外のため
相続額 3600万円－基礎控除額 3600万円＝0円
納税額は0円

一次相続では相続税が376万円、二次相続では0円、合計376万円。
結果、844万円もお得！！

ケース7のポイント

配偶者の税額軽減は1億6000万円まで無税（→P163）
相続が10年以内に続く場合は、相次相続控除が受けられる（→P166）

Case 8 子供が都内に自宅所有、親が老人ホームに入居した静岡県静岡市 資産総額1億3000万円の事例

相談者
不動産賃貸業
岡本ときさん(仮名)　82歳
お住まい　静岡県静岡市

相続人
〈1人〉
子(別居)　58歳

資産額
【1億3000万円】
内訳　預金　3500万円
　　　有価証券　3000万円
　　　自宅(土地)　1500万円…280㎡
　　　自宅(家屋)　150万円
　　　アパート2棟(土地)　3500万円…500㎡
　　　アパート(家屋)　200万円
　　　貸家(土地)　1000万円…300㎡
　　　貸家(家屋)　150万円

基礎控除額の計算
基礎控除
3000万円+600万円×1(法定相続人の数)
=3600万円

3章　～1000万円から3億円まで～　円満解決した14件の相続事例!

静岡県静岡市にお住まいの岡本さん（仮名）は、20年前に亡くなったご主人から引き継ついで、不動産賃貸業を営んでいました。
　所有するアパート2棟と貸家は市内でも好立地にありますが、築年数が進んだ古い建物です。
　お子様は息子さんが一人です。金融機関に勤めており、33歳で東京都内にマイホームを建てましたが、その後転勤を命じられ、しばらく単身赴任の生活を送ります。そのうち妻子も転勤先で暮らすことになり、都内のマイホームは長らく貸した状態が続いていました。
　岡本さんは6年前、転倒での骨折をきっかけに足腰が弱くなりました。当初は岡本さんの妻が月に数度手伝いに訪れていましたが、遠距離のため通いにくいこと、また要介護になったことから、4年前に近くの老人ホームに入居しました。
　岡本さんは急性心不全で亡くなりましたが、これまで同居の経験もなく相続遺産について、親子で話したことがありませんでした。
　兄弟のいない一人っ子は、兄弟間での遺産争いはないのですが、相続人が1人ということで、基礎控除が少ないため税負担が大きくなりがちです。
　しかも平成27年から基礎控除5000万円＋相続人1人つき1000万円が、基礎控除3000万円＋相続人1人つき600万円と、6000万円から3600万円に減額されて、実質4割の増税となっています。
　これまで以上に相続税負担が大きくなっていますから、いかに「小規模宅地の特例」を使うかを考えないといけません。

・解決策
　基礎控除が減って増税となった相続税ですが、「小規模宅地の特例」などは拡充しており、以前より大きな減税効果が得られるようになりました。

とくに平成27年から限度面積が240㎡から330㎡に拡大した「小規模宅地の特例」は、マイホームを相続される方ならぜひ使いたい減税効果の高い特例です。

該当すれば相続税評価額から8割減となり、使うかどうかで相続税額が大きく変わってきます。

「小規模宅地の特例」は基本的に「配偶者・同居の子」を対象としており、「保有と居住の2つの要件を継続しなければいけない」という条件がついています。

しかし相続発生から3年以内に本人、もしくは本人の配偶者がマイホームを所有していない子・・・「家なき子」であれば、小規模宅地の特例の「居住の要件」が外れて、「保有」のみが要件となります。つまり「所有する家がない」ということが重要なのです。

岡本さんの場合、息子さんには東京都内に所有する家がありますが、第三者に貸すことによって、自宅を持っていない扱いとなり「家なき子」に該当します。

また、岡本さんが老人ホームに入居することにより、相続するマイホームが「空家」であることは、相続税法上でなんら関係ありません。

かつては自宅を継いだのはいいけれど、税金を払うために自宅を売却しなくてはいけないケースが多くあり、継ぐ自宅を失ってしまうということもありました。

そのため配偶者や同居の子については、税金を減額して引き続き住めるようにしたのが、この「小規模宅地の特例」です。

ところが時代の変遷と共に親子で「同居」することがなくなり、子世代は他に居を構え、親世代は介護が必要になれば老人ホームに入ることが一般的になりつつあります。

そこで入所の段階、もしくは相続発生するまでの間に、要介護・要支援の認定を受けている、または介護保険法で定める介護が必要な状態であれば、「家にいないけれど、いたことにし

よう」と見なされます。

・税金の計算
　☆小規模宅地の特例が使える場合（自宅・アパート）

> 預金＋有価証券＋建物＝6895万円
> 自宅土地の評価　1500万円→300万円
> 貸付用宅地の評価　4500万円→3603万円
>
> 相続額 1億798万円－基礎控除 3600万円＝7198万円
>
> 7198万円にかかる相続税＝1459万円

　☆自宅に小規模宅地の特例が使えなかった場合（アパートにのみ適用）

> 税額 1673万円

ケース8のポイント

老人ホームに入居しても小規模宅地の特例が使える
　（→P161）

Case 9 子世帯が同居をしなくても特例が使えた 愛知県名古屋市 資産総額 1億5000万円の事例

3章 ～1000万円から3億円まで～ 円満解決した14件の相続事例！

| 相談者 | 無職
高木純子さん(仮名) 82歳
お住まい 愛知県名古屋市 |

| 相続人 | 〈2人〉
子1(別居) 57歳
子2(別居) 53歳 |

資産額

【1億5000万円】
内訳　預金　　8400万円
　　　有価証券　4100万円
　　　保険　　1000万円
　　　自宅（土地）　1300万円…240㎡
　　　自宅（家屋）　200万円

基礎控除額の計算

基礎控除
3000万円＋600万円×2（法定相続人の数）
＝4200万円

87

高木さん（仮名）は十数年前に亡くなったご主人からご自宅と有価証券、自身の両親からも現金の相続を受けたこともあり多くの資産をお持ちです。

　相続人は長男長女の2人です。長男は独身の会社員で、名古屋市内の賃貸マンションで気楽な一人暮らしをしています。半田市に嫁いだ長女は主婦です。マイホームでご主人、子2人と家族で暮らしています。

　高木さんが肺炎で亡くなった後、遺産分割で揉めることはなかったのですが、多額の相続税が発生することがわかりました。

　大きな減税効果のある「小規模宅地の特例」は、配偶者や同居の子が相続し、その後も住み続ける場合に限り、330㎡まで相続税評価額が8割減されます。

　宅地の評価は1300万円ですので、特例が受けられれば、1040万円の減額が可能ですが、長男長女のどちらもお母さんである高木さんと同居していませんでした。

・解決策

　ケース8で解説したように「小規模宅地の特例」は、もともと親と一緒に住んでいた子が、これからも住むということで適用される特例ですが、「家なき子」に関しては居住義務がなく、長男は今までどおり賃貸暮らしが続けられます。

　高木さんのケースでは、半田市でご主人所有の一戸建てにお住いの長女は該当せず、名古屋市内の賃貸マンションに暮らしている長男が「家なき子」に該当します。

　そこで、長男が生まれ育った自宅を引き継ぎ、自宅分を差し引いた現金・有価証券を均等に分けるということになりました。

　土地を誰が取得したのか記した分割協議書を作成して10ヶ月以内に税務署へ送れば、保有の証明となり適用します。

　取得した家に関して登記する義務はありませんが、売却するときも自分の名義になっていないと売却できません。土地の処分や今後の相続も考えて登記しておきましょう。

なお相続税の申告・納税には10ヶ月以内という期限がありますが、登記にはいつまでにという期限はありません。

また相続した家についてはその後も住まず、賃貸に出しても申告期限後に売却しても問題ありません。家族のいない長男に広い家は必要なく、実家は売却することになりました。

このケースでは預金や有価証券など、換金性の高い資産が多く、遺言書がないにも関わらず分割争いはおきませんでした。上手に特例を使って税金も下げられ、財産を円満に割り切れトラブルなく収まりました。

・税金の計算

> 預金＋有価証券＋保険＋建物＝1億2700万円
> 自宅土地の評価　1300万円→260万円
> 相続額 1億2960万円－基礎控除 4200万円＝8760万円
>
> 8760万円にかかる相続税＝1352万円

☆小規模宅地の特例が使えなかった場合

> 預金＋有価証券＋保険＋建物＝1億2700万円
> 自宅土地の評価　1300万円
> 相続額 1億4000万円－基礎控除 4200万円＝9800万円
>
> 9800万円にかかる相続税＝1560万円

「家なき子」で小規模宅地の特例を使うことによって
208万円お得！

ケース9のポイント

「家なき子」で小規模宅地の特例を受ける（→P158）

神奈川県鎌倉市の老舗和菓子店
一次相続で遺言を覆した結果
兄弟間の分割争いとなった
資産総額1億7000万円の事例

相談者
和菓子屋
石川修造さん(仮名) 80歳
お住まい 神奈川県鎌倉市

相続人
〈4人〉
配偶者(同居) 79歳…
2年後に死去
子(同居) 55歳
子(別居) 53歳
子(別居) 51歳

資産額
【1億7000万円】
内訳　預金　　　　3000万円
　　　自宅(土地)　4800万円…240㎡
　　　自宅(家屋)　 700万円
　　　店舗(土地)　7500万円…300㎡
　　　店舗(家屋)　1000万円

基礎控除額の計算
基礎控除
3000万円＋600万円×4(法定相続人の数)
＝5400万円

神奈川県鎌倉市で和菓子屋を営んでいた、石川さん（仮名）のケースです。こちらも一次相続、二次相続と続きました。

ご主人と長男で和菓子屋を経営し、配偶者である奥さんは店舗の半分を利用して、甘味処を経営していました。

ご主人が脳溢血で急に亡くなった一次相続のときは、二代目を継いだ長男に「全財産を相続させる」という遺言がありました。

しかし、相続税をたくさん取られると危ぶんだ長男と、奥さんが相談して、財産を半分ずつにして2人に分けるような相続を行ったのです。この分割については2人の姉妹も快く了承しました。

分割協議書の作成は相続人全員の同意が必要となり、同意が得られれば必ずしも遺言書通りにしなくても法的には問題ありません。

その結果、配偶者で奥さんが亡くなった二次相続のときに、妹たち2人と分割でもめることになってしまいました。長女と次女は2人とも商売家に嫁いでいます。

嫁ぎ先でも相続を経験して、知識があるようです。それぞれの夫に「実家からきっちり払ってもらえ！」と言われ、自分の権利を強く主張します。

このように皆がバラバラな主張をしていては、分割協議はうまくいくはずもありません。

現在もまだどのように分割するかの折り合いはついていません。長男も妹たちも一歩も引かない状態で、ドロ沼の相続争いはまだまだ続きそうです。

【一次相続時】

長男、配偶者が8500万円ずつ相続しました。長女・次女は相続していません。

預金	1500万円ずつ
自宅（土地）	2400万円ずつ
自宅（家屋）	350万円ずつ
店舗（土地）	3750万円ずつ
店舗（家屋）	500万円ずつ

【二次相続時】

　上記の配偶者の財産を兄弟3人でどのように分割するか争っています。

　分割でもめるのは、親と子ではなく、子供同士でもめるケースが圧倒的に多いのです。一次相続よりも二次相続のときの方が大変です。

　配偶者である母親が元気なうちは、母親の意思を尊重して兄弟間の争いも起こりにくいものです。

　母親が亡くなったところで一転、自制心のタガが外れて、双方の夫や嫁も巻き込んで「自分たちの分をきちんと払ってくれ」と権利の主張をしだします。

　考えて見れば、あくせく働いて年収300〜400万円だったのが、急に目の前に何千万円もの資産がチラつけば、争いになるのも当然です。遺言がなければ、やはり「兄弟は平等にしてくれ！」となります。

　石川さんのケースでは、ご主人の遺志を尊重し遺言書の通りの分割でやっておけば、もめることはなかったのです。目先の得（一次相続での相続税）に目がくらんだため、結果的には二次相続で大きく損をしてしまいました。

　もともとの遺言書では、長男である自分が全財産を相続できるはずだったのに、分割をしてしまったためドロ沼の争いに突入してしまい、いまや全財産どころか、どのように分割するかさえ折り合わない状況なのです。

・解決策

　石川さんはどうすれば良かったのでしょうか。やはり一次相続で「損して得とれ！」ではありませんが、奥さんと長男は節税ばかりを考えずに二次相続まで見越した上で、相続税を支払っておくべきでした。

　税金を主眼におくか、分割を主眼におくかのバリエーションがあるのです。税金の支払いばかりに気をとられて、分割でトラブルになってしまったケースです。

　このように一次相続で税金がかからないものの、二次相続では税金がかかったり、分割相続で泥沼の争いが巻き起こる可能性があります。目先の税金だけを考えてしまったため、思わぬ落とし穴にはまってしまいました。

　当初、兄弟たち自身にその気はなくても、各々の配偶者（妻・夫）に煽り立てられ相続争いに発展していくのです。各家庭によって経済状況が異なり、さらに時代によっても違ってきます。生前のうちに弁護士や税理士に相談するのが得策です。

　相続が発生した後に兄弟側に立って、「もらえるものは、しっかりもらいましょう！」と煽る弁護士もいます。弁護士や税理士は依頼主が有利になる提案をするのは当然です。

　ですから、長男側に依頼されれば「気をつけてくださいよ！」と忠告し、妹側に依頼されれば「あなたに権利がありますよ！」とアドバイスします。

　わりとよく聞く話ですが、一次相続の時点で、兄弟の方から「お母さんにすべて相続してもらおう」と提案されることがあります。

　母親に資産を譲渡すれば、とりあえず丸く収まりますし、高齢の母親を思いやっているような印象もあります。

　しかし、実際には母親が亡くなった時点で、「兄弟間で争ってやる！」という、そんな見え透いた魂胆が感じられるケースもあります。

家業を守りたいと考えるご主人の生前対策としては、やはり遺言書の用意です。遺言は一次相続の前に必要です。ご主人が生きているうちに、長男と母親を交えてしっかり相談しておきます。

　「配偶者が相続を拒否して子供に権利を譲ろう」という考えにするのです。ご主人が生前に「自分の遺志である」ということをはっきり主張して、兄弟を説得することも可能でしょう。

　石川さんのように配偶者の奥さんに家業を継いだ長男、嫁にでた長女、次女というケースでは、長男の嫁と奥さんの間がうまくいってないことも多くあります。

　中には、実の娘である妹たちが配偶者である奥さんを連れ出してしまうこともあるのです。誘拐まがいに母親を連れ出して、「兄さんの嫁は鬼嫁だ！」と、自分の味方にするため同居をはじめたりします。

　これらは家を守る長男から見るとひどい話に思えますが、立場によって逆のストーリーになりえるのです。

　完全な相続なんて有りえないのですから、私たち税理士は「分割はそちらで決めてください。方向性が決まりましたら、税務のご相談しましょう」というお話しをします。それだけ兄弟間の感情のもつれは難しい問題なのです。

　またこのお宅はご自宅とは別に和菓子屋店舗をお持ちです。改正された「小規模宅地の特例」ではご自宅が240㎡から330㎡まで面積が拡大されたうえに、特定事業用宅地（この場合は和菓子屋店舗が該当）400㎡までを併用できて、合計730㎡まで適用可能となりました。そのため評価の8割減を受けることができます。

・税金の計算
　☆遺言通り資産全額を長男が相続した場合

【一次相続時】

預金＋自宅土地建物＋店舗土地建物＝1億7000万円
（「小規模宅地等の特例」適用後は7160万円）

「小規模宅地の特例」により自宅土地330㎡、店舗土地400㎡の計730㎡が8割の評価減
自宅土地4800万円→960万円
店舗土地7500万円→1500万円

遺言書通りの為、長男のみが財産を取得しています
（1）相続財産額・・・7160万円
（2）基礎控除額・・・3000万円＋600万円×4人＝5400万円
（1）－（2）＝1760万円

相続税の総額は176万円（配偶者が取得してないため）

【二次相続時】

年金を貯めた定期預金60万円のみ、相続税はなし。

長男がすべて取得した場合の方が相続税の負担は大きいですが、二次相続はスムーズに行なえます。

　一次相続時に相続税が176万円、二次相続では税金がかかりません。

☆遺言を覆して資産を配偶者と長男へ2分割した場合

【一次相続時】

長男へ

(預金＋自宅土地建物＋店舗土地建物) ÷2＝3580万円
(「小規模宅地等の特例」適用後)

配偶者へ

(預金＋自宅土地建物＋店舗土地建物) ÷2＝3580万円
(「小規模宅地等の特例」適用後)

子2人へ相続はなし

(1) 相続財産額・・・3580万円×2＝7160万円
(2) 基礎控除額・・・3000万円＋600万円×4人＝5400万円
(1) － (2) ＝1760万円

相続税の総額は約88万円
配偶者の税額軽減は1億6000万円の相続財産まで無税
納税額は長男の取得した財産部分、約88万円

【二次相続時】

申告期限までに分割が決まらなければ特例が使えず、法定相続分で税金を計算して、405万円を納税します。その後、分割が決まれば税金を再計算することになります。

ケース10のポイント

分割争いを避けるために遺言書を作成（→P137）

自宅の他に貸家が2棟 サラリーマン兼 不動産賃貸業を営む 資産総額2億円の事例

3章 〜1000万円から3億円まで〜 円満解決した14件の相続事例！

相談者
サラリーマン兼不動産賃貸業
中村智昭さん(仮名)　57歳
お住まい　東京都狛江市

相続人
〈2人〉
配偶者(同居)　51歳
子(同居)　25歳

資産額
【2億円】

内訳　預金　6000万円
　　　自宅（土地）　1360万円…400㎡
　　　自宅（家屋）　500万円
　　　貸家1（土地）　3280万円
　　　貸家1（家屋）　350万円
　　　貸家2（土地）　3690万円
　　　貸家2（家屋）　350万円

基礎控除額の計算
基礎控除
3000万円＋600万円×2（法定相続人の数）
＝4200万円

サラリーマン兼不動産賃貸業の中村さん（仮名）はサラリーマンをしながら、東京都の狛江市に親から継いだ築30年の自宅と、同じく築30年の貸戸建て2棟を所有していました。
　不動産賃貸業とはいえ、実際には本業のお勤めも忙しく、古い貸戸建てはローンもないことから、空き家のまま随分長い間ほったらかしになっていましたが、一念発起した中村さんが空室対策を行って入居付けを行なったばかりでした。そんなタイミングで中村さんは心筋梗塞で亡くなりました。
　貸戸建ては入居者がまったくないと、自宅と貸戸建て合わせて2億円の相続評価になってしまいますが、貸戸建てに入居者がいれば1億5530万円（自宅に「小規模宅地等の特例」適用後）まで下がります。配偶者がすべて取得した場合、税金は発生しません。
　このケースは本当にラッキーでした。ご主人はまだ働き盛りの年齢で、急にお亡くなりになったのですが、普通であれば約200万円持っていかれてしまうところ、貸戸建てをきちんと満室にしたことにより、大きな減税効果をもたらしてくれました。
　奥さんも息子さんも亡くなったご主人には大変感謝しています。なお、400㎡の自宅については配偶者が、330㎡まで「小規模宅地等の特例」を使い減税を行ないました。

・解決策
　不動産賃貸物件の場合は「相続をする」とわかった段階で、満室対策を行なうのが得策です。
　自宅は配偶者が「小規模宅地等の特例」を適用させるとして、まずは引き継いだ貸家の戸建に入居者を入れます。相続評価はあくまでも亡くなった時点なので、生前に募集をかけて入居者を入れておかねばなりません。

不動産賃貸業といっても、安定した本業のある地主さんは、ボロボロの築古物件でローンもなければ、「まあいいや、入居者がいなくたって」と放っておきがちですが、不動産賃貸業も継いだ限りは、相続税のためにもしっかり経営努力をすべきです。

　古い戸建にお金をかけてリフォームまですると、計算が変わってきてしまいますが、清掃と草むしり、不動産賃貸業者にアプローチするなど、ちょっと頑張って空室を埋めることができれば、効果的な税金対策ができます。

　いくら「お金に困っていないから」といっても空室のまま放置しておくとよくありません。

　お金がある家ほど賃貸物件の空き家は危険です。中村さんの所有物件はすべて戸建てですが、アパートの場合はいろんな見解があります。複数の賃貸物件を相続した人は、最低でも入居率は必ずチェックしておきましょう。

・税金の計算
　☆貸家が空室の場合

> 自宅土地400㎡のうち、330㎡までが小規模宅地の特例に該当して8割の評価減
> 4000万円→1360万円
>
> 預金+自宅土地建物+貸家土地建物2棟=資産総額2億円
> (「小規模宅地等の特例」適用後は1億7360万円)
>
> 配偶者が全ての財産を相続
> 子へ相続はなし

> 1億7360万円 − 基礎控除額 4200万円 = 1億3160万円
>
> 1億3160万円にかかる相続税は、2548万円です。

　配偶者については、相続財産額1億6000万円（1億7360万円のうちの1億6000万円）までは税金がかからないため、納税額は約200万円です。

　☆貸家が満室の場合

> 自宅土地400㎡のうち、330㎡までが小規模宅地の特例に該当して8割の評価減
> 4000万円→1360万円
>
> 貸家が満室の場合の評価
> 貸家1（土地）　4000万円→3280万円（貸家建付地評価）
> 貸家2（土地）　4500万円→3690万円（貸家建付地評価）
> 貸家1（家屋）　500万円→350万円（貸家評価）
> 貸家2（家屋）　500万円→350万円（貸家評価）
>
> 資産総額が1億5530万円に圧縮
>
> 配偶者が1億5530万円を相続
> 子へ相続はなし
>
> 相続額 1億5530万円 − 基礎控除額 4200万円 = 1億1330万円

　相続税の総額は1999万円になり、「配偶者の税額軽減」（相

続財産の内1億6000万円まで無税）を適用し納税額は発生しません。

貸家のため財産評価が圧縮されて、約200万円もお得！！

ケース11のポイント
不動産投資による節税効果（→P151）

東京都多摩ニュータウンに三代続いた地主蕎麦屋孫を養子に迎えて生前対策をした資産総額2億円の事例

相談者	蕎麦屋兼不動産賃貸業 萩野 剛さん（仮名）　81歳 お住まい　東京都多摩ニュータウン
相続人	〈2人〉 配偶者（同居）　78歳 子（同居）　52歳 孫（同居）　25歳　養子

資産額

【2億円】

内訳　預金　1000万円
　　　自宅（土地）　2500万円…330㎡
　　　自宅（家屋）　500万円
　　　貸家（土地）　6000万円…450㎡
　　　貸家（家屋）　500万円
　　　蕎麦屋（土地）　4000万円…400㎡
　　　蕎麦屋（家屋）　500万円
　　　保険金　5000万円

基礎控除額の計算

基礎控除
3000万円＋600万円×3（法定相続人の数）
＝4800万円

荻野さん（仮名）はお孫さんを養子縁組することで、トラブルなく円満に解決したケースです。

これまで1400件の相続問題を扱ってきましたが、これは私が開業して初めてのケースで思い出深い事例です。

亡くなったご主人は、元々は地主の次男でしたが、本家から分家して、多摩ニュータウンで蕎麦屋をかまえました。今どき珍しく、同居の息子と孫の三代で営んでいます。

都心にある老舗の蕎麦屋ではなく郊外の路面店で、ファミリーでも入れる気軽な蕎麦屋で量もたっぷりあり、トラックやタクシー、近所で働くガテン系の人に支持されました。

開店当初は景気もよく周辺の区画整備も合わさって、蕎麦屋の濃い味付けと大盛りが評判となりました。商いの妙といいますか、これがもし本格派の日本蕎麦を出していたなら繁盛していたかわかりません。

自宅と店舗、さらに貸家を1棟所有していましたが、ご主人が生前に自分の孫を養子縁組することにより、節税効果が得られました。

・解決策

小規模宅地の特例で、ご自宅が330㎡、事業用宅地である蕎麦屋が400㎡の合計730㎡までが評価の8割減になります。

さらに孫を養子に迎え入れ、保険金の非課税枠を利用しました。

養子縁組を行えば、基礎控除が1人につき600万円増加します。相続税を計算する際は一回、法定相続分に割って、それから超過累進税率になるため、その分、若干ですが税率が低くなります。また保険金や退職金の非課税枠が500万円増加します。

今回の場合は保険金を5000万円受け取っていて、1500万円までの非課税枠を使えましたが、これは本来ならば、相続人である配偶者と息子の2人となり、1000万円までしか使えないところ、孫を養子縁組することで1500万円まで使えたのがポイントでした。

ただし、この養子縁組も実子がいる場合は1人までしかカウントされません。また、養子縁組を行なうタイミングも難しい部分があります。
　いつでも・・・極端な話、亡くなる直前でも大丈夫ですが、やはりご主人の意思能力がないと認められない可能性があります。
　亡くなる直前では倫理的にも不自然になるため、生前に節税を考えたタイミングで養子縁組しておくのがベストでしょう。
　注意点を挙げるとすれば、養子縁組する孫の年齢に制限はありませんが、成人に達している方が好ましいということです。
　というのも、相続人に未成年者がいる場合、「特別代理人選任の審判の証明書」が必要になります。
　未成年者の財産を守ってあげないといけないということで、成人の代理人を選ぶのですが、そのときに分割協議書を作らなくてはなりません。
　節税のために孫を養子縁組したいがために、早々に孫の相続額まで決めないといけない事態になるのです。現実には「そこまでは細かく進めたくない！」という考えもあるでしょう。
　その他の注意は孫の養子縁組に対して、相続税が2割加算になることです。それでも節税にはなりますが、二代先まで、いろいろ考えなくてはいけないため、面倒に感じて敬遠される地主さんも多いようです。
　そこまで地主さんたちが、詳細に法律を理解されているかといえば疑問ですが、一般的には、養子縁組は税金が下がるということだけが有名です。
　二代先まで考えられる余裕や知識がある人は少ないものです。たとえば10億円の財産があるとします。配偶者がおらず、相続人が子供と孫の2人だけ。5億円を孫に相続させなければいけないケースも有りうるのです。
　孫養子に数十万円を相続させる分割を行なえば、特別代理人の選任を行なえるケースもありますが、いろんな手続きを考え

ると養子縁組は成人が楽です。

　もしも未成年者を養子縁組するのであれば、遺言書の作成をおすすめしています。遺言があれば法定相続分を払う必要がありません。それは成人の場合も同じです。

　ただし若い孫がおいそれと大金を持つとよくないという意見もあります。孫養子はよく考えて行ないましょう。

・税金の計算
　☆養子がいない場合

> 預金＋自宅土地建物＋蕎麦屋土地建物＋貸家土地建物（満室）＋保険＝2億円（「小規模宅地等の特例」適用・生命保険の非課税考慮後、1億2570万円）
>
> 自宅土地330㎡、店舗土地400㎡が「小規模宅地等の特例」に該当して8割の評価減
> 2500万円→500万円
> 4000万円→800万円
>
> 貸家が満室の場合の評価　6000万円→4920万円（貸家建付地評価）
>
> 貸家（家屋）　500万円→350万円（貸家評価）
>
> 基礎控除3000万円＋600万円×2（法定相続人の数）＝4200万円
>
> 配偶者は預金、自宅の土地建物を相続（保険は配偶者が受取人となっている）

> 子は蕎麦屋と貸家の土地建物を相続
>
> 相続額1億2570万円−基礎控除4200万円＝8370万円

　8370万円にかかる相続税額は約1274万円、「配偶者の税額軽減」を適用して納税額は約666万円です。

☆孫を養子にした場合

> 孫を養子にすることで基礎控除と生命保険の非課税枠が増えた
> 基礎控除3000万円＋600万円×3（法定相続人の数）＝4800万円
> 基礎控除が4200万円→4800万円
> 保険金非課税枠 500万円×3（法定相続人の数）＝1500万円
> 非課税が1000万円→1500万円
>
> 貸家が満室の場合の評価
> 貸家（土地）　6000万円→4920万円（貸家建付地評価）
> 貸家（家屋）　500万円→350万円（貸家評価）
>
> 資産額が1億2070万円に圧縮
>
> 配偶者は預金、自宅の土地建物を相続（保険は配偶者が受取人となっている）
> 子は蕎麦屋と貸家の土地建物を相続
> 孫は相続していない
>
> 相続額 1億2070万円−基礎控除 4800万円＝7270万円

7270円にかかる相続税額は約972万円、「配偶者の税額軽減」を適用して納税額は約529万円となり、約137万円もお得！！

ケース12のポイント

小規模宅地の特例では事業用宅地も併せて評価が下がる（→P159）
孫を養子縁組して基礎控除と非課税枠を増やす（→P155）
未成年の養子縁組で分割協議を行なう場合は、特別代理人選任の審判の証明書が必要（→P156）

3章　～1000万円から3億円まで～　円満解決した14件の相続事例！

高級介護付きマンションの入居一時金と小規模宅地の特例で評価を圧縮した資産総額2億8700万円の事例

相談者
元会社役員
小野寺恵介さん(仮名)　89歳
お住まい　東京都目黒区

相続人
〈1人〉
子(同居)　62歳

資産額
【2億8700万円】
内訳　預金　1億円
　　　有価証券　1億3000万円
　　　自宅(土地)　5000万円…330㎡
　　　自宅(家屋)　700万円

基礎控除額の計算
基礎控除
3000万円＋600万円×1(法定相続人の数)
＝3600万円

現役時代に会社役員だった小野寺さんは、株式投資が得意で有価証券を中心に資産を増やされました。

引退後は1人息子の家族と同居していましたが、孫の大学受験などが重なった大変な時期に、息子夫婦に迷惑をかけたくないという理由と、相続財産にキャッシュが多いという理由から、財産の圧縮も含め富裕層向けの介護付き高級マンションの入所を検討しました。

そして79歳のときに介護付き高級マンションに引っ越しました。入所の段階では介護の必要はなく、いたって元気でしたが、10年間入所して89歳で亡くなりました。晩年は認知症が進み要介護になっていました。

小野寺さんのケースも一人っ子になるため、相続税は高額になりがちです。また、都内の一等地にお住いの為、小規模宅地の特例で数千万円の評価が変わります。

・解決策

「小規模宅地の特例」でいえば、入所前に息子夫婦は小野寺さんと同居していて、申告期限まで「居住と保有の要件」を満たす場合、330㎡まで相続税評価額の8割減が受けられます。

また介護付きマンションへは元気なまま入所して、病気もせずに亡くなってしまうと、生活の拠点はマンションと見なされます。これでは普通に引っ越しただけとなり、ケース8のように「小規模宅地の特例」は認められません。

小野寺さんの場合、入所後の大半はお元気でしたが80歳も後半となると、徐々に認知症を発症して亡くなる2年前に要介護認定を受けました。そのため「小規模宅地の特例」を使うことができました。

また富裕層向けの介護付きマンションや有料老人ホームでは、入居一時金として数千万を支払うケースが多くあります。

小野寺さんは10年前に3000万円を入居一時金として支払いま

した。入居一時金とは、終身利用権の費用としての位置づけとなっており、入居後の一定期間の居住費を事前に支払うものです。金額は施設によって変わります。

　また入居一時金には、償却期間が定められており、償却期間が終了する前に退去した場合は、未償却部分が返還されるようになっています。

　小野寺さんの場合には、10年間で償却ということで、預金1億3000万円の内、3000万円を圧縮しました。

　これはたまたまの結果ですが、同じ10年償却で同額の一時金であった場合に5年で亡くなってしまえば、1500万円が戻るので節税効果は1500万円です（償却期間や償却方法なども施設によって変わります）。

　このケースは元気なうちに介護付きマンションへ入所して、途中で要介護・要支援の認定を受けたため小規模宅地の特例が使えたことにくわえて、償却期間を満たしたことにより、3000万円のお金が有意義に使え、結果的に大きな節税効果も得られました。

　以前は入居の段階で介護が必要でなければ認められませんでしたし、高級老人ホームは除外されていましたが、今は「亡くなるまでに介護が必要となればよい」と緩和されました。ただし頻繁に改正されますので、こちらに関しては専門家等の情報をチェックしてください。

・税金の計算

預金＋有価証券＋建物＝2億3700万円
自宅土地の評価　5000万円→1000万円

相続額 2億4700万円－基礎控除 3600万円＝2億1100万円

2億1100万円にかかる相続税＝6795万円

☆小規模宅地の特例が使えなかった場合

預金＋有価証券＋建物＝2億3700万円

自宅土地の評価　5000万円

相続額 2億8700万円−基礎控除 3600万円＝2億5100万円

2億5100万円にかかる相続税＝8595万円

小規模宅地の特例を使うことによって1800万円お得！

ケース13のポイント

老人ホームに入居しても小規模宅地の特例が使える
（P161）

青空駐車場に新築アパートを建てた神奈川県横浜市の元公務員地主 資産総額3億円の事例

| 相談者 | 元地方公務員の地主
田沼康宏さん（仮名）　62歳
お住まい　神奈川県横浜市 |

| 相続人 | 〈3人〉
配偶者　65歳
子(同居)　32歳
子(別居)　30歳 |

資産額

【3億円】

　　内訳　預金　1億円
　　　　　自宅（土地）　6000万円（600㎡）
　　　　　自宅（家屋）　3000万円
　　　　　青空駐車場1　4000万円（400㎡）
　　　　　青空駐車場2　3000万円（300㎡）
　　　　　保険金　4000万円

基礎控除額の計算

基礎控除
3000万円＋600万円×3（法定相続人の数）
＝4800万円

田沼さん（仮名）は神奈川県横浜市にお住まいの元地方公務員の地主さんです。退職後に公務員嘱託になりました。

代々地主さんの家ですが、こういったお宅は元々農家で、成人した子供が公務員になることがじつに多いです。貸家は面倒ということで青空駐車場を事業にしてきました。

初期費用のかからない青空駐車場にしていれば、駐車料金が入ってきて固定資産税も経費になり、儲けはそんなに出ないものの、ある程度は手元に残ります。

更地のままにしておくと固定資産税がかかるためマイナスになっていくのです。青空駐車場にして固定資産税分くらいを稼ぎ出す事業です。

・解決策

ここからは、田沼さんの生前対策を順に説明していきましょう。地主さんたちは財力があるため、子供にしっかりした教育を受けさせています。公務員であったり大企業のサラリーマンであったり、堅い職業につく方々が多い印象です。

さて、田沼さんは公務員を退職してから、相続対策をはじめました。金融機関から借入をして、賃貸物件を建てたので、資産額と内訳が変更になります。

● 資産額　3億円＋α

```
預金　1億円
自宅（土地）　6000万円
自宅（家屋）　3000万円
貸家1（土地）　3280万円（貸家建付地評価）
貸家2（土地）　2460万円（貸家建付地評価）
貸家1（家屋）　4200万円（貸家評価）
貸家2（家屋）　2800万円（貸家評価）
```

保険金　4000万円
　▲債務　2棟2億円

　借入をして青空駐車場の上に物件を建てたことによって、青空駐車場にしていた土地が18パーセント評価減で下がりました。

　貸家1（土地）　4000万円→3280万円
　貸家2（土地）　3000万円→2460万円
　貸家1（家屋）　6000万円→4200万円
　貸家2（家屋）　4000万円→2800万円

　たとえば2億円で物件を建てます。引渡しが終われば、相続財産の評価額が変わります。
　それは2億円の予算で物件が建ったとしても、固定資産税評価というのは部材価格になってしまうからです。
　2億円の物件中の1億円、半分は手数料なのです。営業費などいろいろな間接費を業者さんに支払います。
　CMなどで有名な大手アパートメーカーで2億円の物件を建てたとすれば、半額の約1億円はそのメーカーの儲けになります。
　すると物件そのものの価値、評価は1億円になります。建てるだけで価値が半減する・・・それが節税対策です。
　さらに前の事例にも出ましたが、賃借人がいれば借家権にあたる3割が引かれますので、結果として2億円の物件が7000万円になります。入居者がいることによって借家権の効果が出る方法です。
　2億円の物件を建てるだけで、7000万円の評価に下がりますから、相続対策としては有効です。
　そういった相続対策のために建てた賃貸物件は、借入れがあ

るため、きちんと家賃収入として利益を回収する必要があります。

しかし、しばらくは順調に回収できていたとしても、将来に渡って順調に回収できるとは限りません。というのも、少子高齢化によって全国的に入居状況が厳しくなることが見込まれるからです。

たとえば、駅からすごく離れた場所では入居もおぼつかない。物件価値は1億円の値打ちしかない物件で投資した2億円の回収ができない。さらに金利がつくため2億円の借入といいながら、実際には4億円以上を払っていることになります。

このように節税にはなったけれど、まったく得をしない現実がたくさんあります。事業としては失敗してしまったというケースです。それがアパートやマンション建築の本当の姿なのです。

税金面では有利といっても、新規の不動産賃貸はリスクも伴いますので、安易に行なうことは避けた方が良いでしょう。あくまで賃貸事業です。充分に検討してからはじめましょう。

また地主さんは自分の土地に建てる場合が多いため、物件の立地を選べないという弱点もあります。土地を売って立地のいいところを新たに買うのも手です。

田沼さんは借入＋賃貸物件新築に加えて、長男の子供である孫を養子として追加しました。結果、相続人は4人となりました。

● 相続人　4人

```
配偶者（同居）　65歳
子（同居）　32歳
子（別居）　30歳
孫（同居）　5歳　養子

基礎控除3000万円＋600万円×法定相続人の数4人＝5400万円
```

田沼さんの自宅には長男夫婦と孫(5歳)が同居しています。この孫を養子縁組して、法定相続分を持たせることになると、「特別代理人選任の審判の証明書」が必要となります。司法書士、弁護士など専門家に別途で依頼する必要があります。

　保険は現行では、10の事例と同じで、養子が増えた分、控除枠が増えます。

　土地も元々の青空駐車場事業だけを行なっていた場合に比べて、土地の有効活用や孫の養子縁組を行なうことで、結果的に2644万円も節税効果がありました。

　これらの対策を一気に行なうのは大変なため、田沼さんのように定年退職など、年齢の節目や事業の節目をきっかけに、専門家に相談して、徐々に行なっていくのが良いと思います。

・**税金の計算**
　☆**土地活用を考慮せず、養子がいない場合**

> 預金＋自宅土地建物＋青空駐車場×2＋保険金＝資産総額3億円
> (「小規模宅地等の特例」保険金の非課税適用後、2億5860万円
>
> 自宅土地600㎡のうち、330㎡までが「小規模宅地等の特例」に該当して8割の評価減
> 6000万円→3360万円
> 保険金　4000万円→2500万円
> 配偶者は自宅を相続
> (生命保険は配偶者が受取人となっている)
> 長男は預金1/2、青空駐車場1を相続
> 長女は預金1/2、青空駐車場2を相続

> 相続額 2億5860万円 − 基礎控除額 4800万円 ＝ 2億1060万円

2億1060万円に係る相続税額は約4271万円、「配偶者の税額軽減」を適用すると納税額は約2808万円です。

☆借入金で賃貸住宅を建設し、孫養子をとった場合

> 青空駐車場にアパートを2棟建築
> 貸家1（土地）　4000万円→3280万円（貸家建付地評価）
> 貸家2（土地）　3000万円→2460万円（貸家建付地評価）
> 貸家1（家屋）　6000万円→4200万円（貸家評価）
> 貸家2（家屋）　4000万円→2800万円（貸家評価）
> ▲債務（建物建築費）　2棟2億円
> 自宅土地600㎡のうち、330㎡までが「小規模宅地等の特例」に該当して8割の評価減6000万円→3360万円
> 同居の孫を養子縁組することで法定相続人の数が3人から4人へ
> 基礎控除額　4800万円→5400万円
> 保険金　4000万円→2000万円
> 資産総額が1億1100万円に圧縮
> 配偶者は自宅を相続（生命保険は配偶者が受取人となっている）
> 長男は預金の1/2、貸家1の土地・建物を相続（貸家1の建物に係る債務1億2000万円も継承する）
> 長女は預金の1/2、貸家2の土地・建物を相続（貸家2の建物に係る債務8000万円も継承する）
> 孫養子は相続分なし

相続額 1億1100万円 − 基礎控除額 5400万円 = 5700万円

5700万円に対する相続税額は約663万円、「配偶者の税額軽減」を適用すると納税額は約164万円で、なんと約2644万円もお得！！

ケース14のポイント

不動産投資による節税効果（→P151）
孫を養子縁組して基礎控除と非課税枠を増やす（→P155）
未成年の養子縁組では分割協議を行う場合は、特別代理人選任の審判の証明書が必要（→P156）

4章

払いすぎた税金は取り戻せる！実際におこなった還付実例集

地主さん、税金を払い過ぎていませんか？

　過去5年以内に相続税の申告、納税をされた方は、相続税の申告書を見直すと税金が戻ってくることがあります。
　税務のプロである税理士とはいえ、各税法の専門があります。例えば、医者であれば外科、内科、眼科などの専門があるように、税理士にも専門分野があるのです。
　ほとんどの税理士は法人税や所得税を専門としており、相続税について専門知識を有する税理士の方は少数です。
　相続税申告経験の少ない税理士に仕事を依頼するということは、手術経験の少ない医者に手術を依頼するようなものにもかかわらず、このような現状が一般的なために、誤って申告を行ない、相続税を払い過ぎているケースも多くあります。

終わった申告、支払った税金も取り戻せる！

　誤った申告で税金を払い過ぎていた場合、「更正の請求」という手続きを行なうことにより、相続税の還付を受けることができます。逆に申告税額等が少なかった場合に行うのが修正申告となります。
　「更正の請求」は納税者が持つ正当な権利ですが、税務知識のない一般の方では、「知らない」のは当然ですし、自分のケースが当てはまるかどうかの判断もできません。
　そもそも相続財産の評価は税理士によって大きく異なります。医師にセカンドオピニオンを求めるように、「相続税を払い過ぎ

ているのではないか」「思ったより相続税が高かった」など、疑問にお持ちになったら、是非、別の税理士に相談してください。その際はくれぐれも「相続に強い」税理士をお選びください。

「更正の請求」の手続きの流れ

　実際に「更正の請求」の手続きを行なう際は、税理士に依頼します。

　相続税還付が認められる事由のほとんどが土地の評価です。土地の評価については、その土地の形状や周囲の状況等の様々な要因を総合的に考慮して評価額を決定するのが適切な方法です。

　しかし、先述したように相続税に詳しくない税理士が、相続税の課税対象となる土地の評価を適切に行なうことは困難です。

　そのため当初申告で相続税申告を行なった後、適切に土地を再評価した場合に、課税価格が減少、つまり相続税額も減少する（相続税が還付される）というケースが発生するのです。

　還付の可能性があるかどうかは、提出済みの申告書の控えを見直すことからはじめます。各控除がきちんと行なわれているか、所有する土地の評価が正しいかを調査します。その際は不動産鑑定士などに依頼することもあります。

　結果、相続税の過払いが判明したら、税理士が「更正の請求書」に該当の更正に係る更正前と更正後の課税標準等および税額等、該当の更正の請求をする理由等を記載して税務署長に提出します。

　しかし、「更正の請求」を行なったからといって、必ずしも還付が認められるわけではありません。

　請求を受けた税務署側が調査を行なった上で、減額更正が認められた場合、結果として払い過ぎた相続税が還付されます。

「更正の請求」の流れ

①税理士へ依頼

②調査（土地評価の見直し等）

③税務署へ「更正の請求書」を提出
　※「事実を証明する書類」の提出が必要です

④税務署より回答（3ヶ月以内）

⑤減額更正が認められた場合、過払いの相続税還付

更正の請求ができる期間は？

　平成23年12月2日以後に法定申告期限が到来する国税について、更正の請求ができる期間が法定申告期限から原則として5年に延長されました。
　ただし平成23年12月2日より前に法定申告期限が到来する国税については、更正の請求の請求期限は従来どおり法定申告期限から1年です。更正の請求期間を過ぎた課税期間については、増額更正ができる期間内に「更正の申出書」の提出をします。

　調査により、その内容の検討をして、納めすぎの税金があると認められた場合には、減額の更正を行なうことになります（申出のとおり更正されない場合であっても、不服申立てすることはできません）。詳しくは税理士など専門家にご相談ください。

相続税還付額別事例集
── こんなに税金が戻ってきた！

　実際に当事務所で手がけた相続税還付の事例をご紹介します。地主さんの相続では、土地の評価がきちんとされていないケースが多く見られます。

　見直しの結果、数百万円、数千万円、中には1億円以上の金額も還付されました。

　「必ず」とは言えませんが、高い確率で税金還付の期待ができる「更正の請求」。高い相続税に納得のいかなかった人にはとくにおすすめです。

　なお税金の計算は相続が起こったときの法律を基準とするものです。ここでは平成26年以前の案件を紹介しているため、平成27年の法改正以前の税法が適用されています。

※更正の請求事例に記載している資産額は「相続税評価時」の資産額です。
　小規模宅地等の特例や貸宅地、貸家建付地の評価減などを考慮した後の額になります。

更正の請求 Case 1

相次相続控除と土地評価の見直しで800万円還付された横浜市勤務医の事例

税額ビフォア／アフター
当初の申告納付額・・・1000万円
還付額・・・800万円

相談者
医者
大石健次郎さん（仮名） 78歳
お住まい　横浜市青葉区

相続人
〈2人〉
配偶者（同居）　74歳
子（別居）　46歳

資産額
更正の請求前の評価額2億4000万円⇒請求後1億9000万円
内訳
預金　2300万円　　　土地　1億4000万円
家屋　1000万円　　　有価証券　1700万円
▲債務・葬式費用　800万円

長く勤務医をしていた大石さん（仮名）は総財産が2億4000万円ありました。そして相続税は1000万円ほどでした。

別居をしているサラリーマンの息子さんが、「財産規模にしては、税金が高いのではないか」と漠然と不満を抱いていたようです。しかし、自身に税務知識がないため、なにもできない状態でした。

聞けば大石さんがご病気で亡くなられる2年前に、103歳のお母さん（息子さんからは祖母）が老衰で亡くなられています。

大石さんがお母さんから継がれたご自宅は、500平米もの広さがありました。さらに、お持ちになっている土地を調査したところ、一部の土地の上には送電線が通っています。これは「更正の請求」ができるケースと判断しました。

調査結果を反映させ、計算をし直して申告を行ったところ、支払った相続税1000万円のうち、800万円の還付が認められました。

・解決策

第一に相続を担当した前の税理士が「相次相続控除」を行うのを忘れていたようです。
「相次相続控除」はP166の事例にも出ましたが、過去10年以内に相続税を支払っていれば、後の相続で相続税を引くことが可能なのです。

たとえば最初に1000万円の相続税を払っていたら、次の年は900万円という具合で10分の1ずつ逓減されていきます。

大石さんのケースでは、お母さんが亡くなった際に、500万円ほど相続税を納めています。お母さんが亡くなってから、まだ2年しか経っていません。そのため相次相続控除で400万円控除できました。

第二として、自宅の土地に「広大地評価」を適用したことがあげられます。これはある一定以上の広い土地に対して、面積

基準や用途地域などの条件を充たすことができれば、土地の評価を大幅に下げることが可能です。

さらに、持っている土地の上に鉄塔が建っているということで「送電線下による30パーセント減額」が適用されました。

建物の高さなどの建築制限がある場合は、必ず3割評価減が使えます。これもまた前任の税理士の記載漏れでした。

記載漏れはまだあり、「未納付の相続税」も引いていませんでした。前の代の相続では、相続税の納付方法として、延納を選択していたのです。つまり、被相続人が前の相続に関する相続税を完納していなかったため、その税金を控除することができました。

これらのような不手際や認識不足があり、当初の支払い金額から8割も戻りました。

更正の請求を受けた税務署は、相続税の更正の請求書を受け取ってから、3ヶ月で回答することを目途にしています。

そう簡単に還付はないと思われている方も多いですが、きちんと認められた場合は大きな還付を受けられます。

ダメ元で相談された大石さんの奥さん、息子さんはお金が返ってきて大喜びされました。

ケース1のポイント

二代続けて相続があった場合は「相次相続控除」(→P166)
自宅に「広大地評価」を適用できるか確認（→P168）
送電線下の土地の評価は30％減（→P169）

更正の請求 Case 2

横浜市在住の会社役員兼不動産賃貸業 土壌汚染による評価減で1500万円還付の事例

4章 払いすぎた税金は取り戻せる！ 実際におこなった還付実例集

税額ビフォア／アフター
当初の申告納付額・・・1億4000万円
還付・・・1500万円

相談者
会社役員
内村茂さん（仮名）　90歳
お住まい　横浜市南区

相続人
〈3人〉
配偶者（同居）　86歳
子（同居）　60歳
子（同居）　56歳

資産額
更正の請求前の評価額6億7000万円⇒請求後6億3000万円
内訳
土地　3億6000万円　　　家屋　100万円
預貯金　2億5000万円　　その他財産　1900万円
▲債務・葬儀費用　500万円

長らく顧問をされていた税理士に「これ以上、土地の評価は下がらない」と言われて、すっかり諦めていたところ、金融機関の紹介で当事務所に相談にみえた内村さん（仮名）は、総財産が6億7000万円、支払った税金が1億4000万円、その内の1500万円が還付されました。
　亡くなったご主人は会社の役員をされていて、横浜市南区にお住まいがありました。そして、近隣に規模の大きな賃貸物件をたくさんお持ちでした。
　同居していたのは、当事務所にみえた配偶者の奥さんと、結婚をせず自宅に同居しているサラリーマンの子供が2人。お子さんといっても60代の息子さんと50代の娘さんです。

・解決策
　このケースでポイントになったのは、持っている土地の一部に土壌汚染が見つかったことでした。
　昔は環境に対する規制が緩かったため、埋め立てがあった土地を調べてみると、有害物質が含まれていることも多かったのです。
　申告内容の見直しを行ない、詳細なリサーチを行なったところ、土壌汚染を見落とされていることに気が付きました。
　内村さんは、この発見された有害物質を撤去するために数千万円もの費用をかけていました。
　それにも関わらず、土壌汚染を考慮しない高い土地評価になっていたため、改めて計算を行なったところ、土地の評価額にして4000万円も下がりました。その結果、1500万円の税金還付が受けられました。
　実際にどの土地がどのような評価減に該当するのかは、専門家であっても簡単には判断できません。
　ましてや兼業の地主さんであれば、自分の土地であってもなかなかすべてを把握しきれるものではありません。

お世話になっている税理士に「これ以上は下がらない」と言われたら、諦めてしまいがちですが、少しでも疑問に感じたときは、セカンドオピニオンとして別の専門家に相談されるのは良いことだと思います。

　内村さんのケースでは1500万円の還付ですから、当事務所で見直しされた結果、大きな効果が得られました。

ケース2のポイント
土壌汚染による土地の評価減（→P169）

更正の請求 Case 3

代々農業を営む横浜郊外の地主さん 市街化調整区域の雑種地など土地評価の見直しで3400万円還付の事例

税額ビフォア／アフター
当初の申告納付額・・・1億1000万円
還付・・・3400万円

相談者
農家兼地主
今岡聡史さん(仮名)　74歳
お住まい　横浜市郊外

相続人
〈5人〉
配偶者(同居)　72歳
子(同居)　45
子(故)　長女(8歳)次女(6歳)が代襲相続人
子(別居)　43歳
子(別居)　39歳

資産額
更正の請求前の評価額9億円／請求後8億円
内訳
土地　6億6000万円　　建物　1億円
預金　3000万円　　その他　1000万円
▲債務　3億円

当事務所のHPをご覧になった、ご長男から依頼された事例です。相続で支払った税金があまりに高額なため、疑問を抱きインターネットを使って、ご自身で相続税について勉強されていました。

当事務所HPの更正の請求事例をお読みになったところ、「うちも該当するのではないだろうか。是非、税金を取り戻したい」と強く希望されていました。

ご長男から見ると、お父さんである亡くなった今岡さん（仮名）は、横浜市郊外で農家をされていました。

ご自宅以外にも田んぼ・自宅・駐車場・賃貸物件・貸宅地駐車場など広い土地を所有し、お住まいになっている地域一帯の大地主でもあります。

たくさんの土地を所有されているため、そのひとつひとつの評価の見直しを行ないました。その結果、土地評価で1億円ほど下がり、税金が3400万円も返ってきました。

家族構成は配偶者である奥さんと、同居している長男、次男は5年ほど前に死去しているため、2人のお孫さんが代襲相続人となり、さらに三男、四男が相続人です。

・解決策

まずは持っている貸宅地に、道路の高低差があったため、土地の評価が10パーセント減額されました。

横浜郊外では、急な坂道や階段でしか上り降りできないような高低差のある住宅地が多く見られます。こういった土地の評価が下がるということ自体を、知らない税理士も少なくありません。

次に、奥さんと長男家族が住むご自宅が、「広大地」として認められました。

また青空駐車場として利用していた土地については、普通の宅地評価とされていましたが、実際には建物が建てられない「市

街化調整区域の雑種地」ということで、低い評価に見直されました。

ケース3のポイント

自宅に「広大地評価」を適用できるか確認（→P168）
高低差のある土地は評価が10パーセント減額（→P169）
市外化調整区域の雑種地の評価（→P157）

更正の請求 Case 4

東京都世田谷区の地主さん 夫婦養子による相続で 広大地評価が適用されて 1億5800万円還付の事例

第4章 払いすぎた税金は取り戻せる！実際におこなった還付実例集

税額ビフォア／アフター
当初申告納付額・・・4億8000万円
還付・・・1億5800万円

相談者
地主
片岡辰夫さん(仮名)　92歳
お住まい　東京都世田谷区

相続人
〈2人〉
夫婦養子(別居)　76歳
夫婦養子(別居)　74歳

資産額
更正の請求前の評価額17億円⇒請求後14億円
内訳
土地　10億円　　　家屋　1億8000万円
預金　1億7000万円　　その他　5000万円
▲債務　5億円

当事務所が開催したセミナーを聴いたお孫さんが、ご両親に進言して依頼されました。死去されたのは、東京都世田谷区にお住まいの片岡さん（仮名）。評価額が10億を超える大地主さんで、配偶者も子供もいないケースです。

　相続人は2人。70代の夫婦養子を縁組していました。このご夫婦のお子さん（死去された片岡さんにとってお孫さん）が、相続の勉強で当事務所のセミナーにいらっしゃいました。

　夫婦養子というと一般には聞きなれないかと思われますが、子供がいない都市農家（地主さん）ではわりと多くあります。

　地主さんの場合は、発想の要が「家」ですから、家系が途絶えないように、「夫婦で養子をもらおう」という発想です。

　親戚の夫婦を縁組して継いでもらう、具体的には兄弟の家の子供夫婦に家を継いでもらうことが多いです。その結果、養子夫婦は「実家よりも裕福な家に移った」なんてこともあります。

　こちらのケースでも所有されている土地を詳しく調べたところ、土地の評価が大きく減額され、なんと1億5800万円もの税金還付を受けることができました。

・解決策

　このケースは4ヶ所の「広大地評価」の見直しでした。当初の担当税理士が、貸家に利用している土地に「広大地評価」を適用できることを知らなかったようです。申告期限後5年間でギリギリでした。税金を支払ってしまうと「もう終わった」と思い込んでしまう方がほとんどですが、実際には申告期限後5年間は更正の請求が可能です。

　少しでも疑問点や不満が残り、もう一度、見直しを行ないたい場合は数年経っていても問題ありません。手遅れになる前に専門家へご相談ください。

ケース4のポイント

「広大地評価」は貸家に利用している土地でも有効（→P168）

5章

知って得する！
8つの生前対策と
6つの税務控除＆特例

プロが選んだ！
効果的な8つの生前対策

　相続の成否を分けるのは、生前対策です。もっとも重要なのは生前に行なうこと。「どれだけ対策を生前に行ってきたのか」、それに尽きるのです。

　いざ、亡くなってから慌てて動いても、手遅れということもあります。とはいえ「だったら生前に財産をすべて贈与してしまおう」というのも間違いです。

　贈与には贈与税がかかります。改正相続税の施行によって税率が緩和されるほか、相続時精算課税制度は子にくわえて孫も対象となりました。

　同じ生前贈与でも家族構成や財産によってやり方も変わるものです。ここでは、もめない相続のための準備、効果的な贈与の方法、財産移転など、具体的なノウハウをご紹介します。

　相続の問題はどなたにでも必ず関わりのあることです。生前から「死」について触れるのは、抵抗ある方も多いと思われますが、まずはできることからはじめましょう。

① 遺言書の作成

なぜ「遺言」が必要なのでしょうか？

相続が発生した場合、被相続人（亡くなられた方）の遺産については、法律で定める割合（法定相続分）で各相続人に権利が発生します。

相続財産が未分割ということは、遺産の全部について相続人全員が共同で所有している状態と同様です。相続人全員による話し合い（＝遺産分割協議）を通じて、土地・建物・株式・預貯金といった個々の財産の所有者を確定していきます。

しかし、遺産分割協議は相続人全員が承諾しないとその協議は成立しないため、話し合いがこじれて相続人間で遺産争いが起こることがあります。このような争いを防ぐためにも、故人が生前に財産をどのように分割したいのかを遺言しておくことで、相続を円滑に進めることができます。

では、実際に遺言では何ができるのでしょうか。また、遺言書を作成した方がいい人とはどんな人なのでしょうか。

遺言により指定できること

・相続に関すること
・財産処分に関すること
・身分に関わること
・遺言執行者の指定
・指定の委託先

具体的にいえば、財産を誰にどのように分けるのかを指定

できます。遺言書に書ける財産は、故人名義となるものとして、預貯金、不動産、有価証券、自動車、会員権など。

名義ではないけれど所有するものとして、現金、宝飾品、家財道具、書籍などがあげられます。

これらの財産を誰が相続するのか、どう処分するのかを決めることができます。

「自宅の土地建物を相続する代わりに、遺された妻の老後を看て欲しい」といった条件をつけることも可能です。

遺言執行者の指定や未成年後見人、未成年後見監督人の指定などもできます。

遺言書はこんな人におすすめ

```
□事業を継ぐ子供に会社の株や事業用財産を相続させたい
  場合
□夫婦間に子供がいない場合
□行方不明の推定相続人がいる場合
□各相続人に継承させたい財産を指定したいとき
□相続人がいない場合
```

以上が遺言の必要なケース、またはあった方が紛争予防に役立つケースです。

個人で事業を経営したり、農業をしている場合などは、その事業等の財産的基礎を複数の相続人に分割してしまうと、上記事業の継続が困難となるでしょう。

このような事態を招くことを避けて、家業等を特定の者に承継させたい場合には、その旨をきちんと遺言しておかなければなりません。

また夫婦間に子供がおらず、かつ故人となる夫の直系尊属（父母や祖父母）もない場合、法定相続分による分割となると、夫

の財産は、配偶者の妻が4分の3、夫の兄弟が4分の1の各割合で分けることになります。

高齢になると夫の兄弟も死亡している可能性が高く、その際は夫の甥・姪が代襲相続人となります。

たとえ相続金額が些少であっても、何十年も会っていないような親戚が相続人となった場合は、遺産分割協議書を作成するのが困難になり、相続がスムーズにいきません。

転居が多く連絡先がわからない、行方不明の推定相続人がいる場合も同じことが考えられます。

その他、長年夫婦として連れ添ってきても婚姻届を出していない場合には、いわゆる内縁の夫婦となり、妻（夫）に相続権がありません。したがって、内縁の妻（夫）に財産を残してあげたい場合には、必ず遺言をしておかなければなりません。

最後に相続人がいない場合です。特別な事由が無ければ遺産は国庫に帰属してしまいます。それを望まない場合は、お世話になった人などに、遺産を譲る旨の遺言書を作成しておく必要があります。

公正証書遺言と自筆証書遺言

ひとくちに遺言書といっても決まった書式があるのか、専門家にまかせる必要があるのか、わからないことも多いと思います。

遺言書には主に「公正証書遺言」と「自筆証書遺言」の2種類があり、それぞれにメリット、デメリットがあります。

・公正証書遺言

○無効・偽造・変造の危険が少ない
○原本が公証役場に保存されるため安全
○相続手続きがすぐにできる
×2名以上の証人が必ず必要

×内容を人に知られてしまう
×費用がかかる（財産の価格を元に公証人手数料がかかります）

・自筆証書遺言

○簡単で費用がかからない
○内容を人に知られずにすむ
×様式不備で無効になる可能性がある
×偽造や書き換えなどトラブルが起きやすい
×遺族に発見されない恐れがある
×家庭裁判所の検認が必要（手続きに時間がかかります）

　遺言書というと、故人が自筆で書く「自筆証書遺言」を思い浮かべる人が多いようですが、一般的には「公正証書遺言」の方が安全確実な遺言書の方式として利用されています。
　というのも「自筆証書遺言」は思い立ったとき簡単に作成することができますが、偽造や無効の心配があります。
　対して「公正証書遺言」は法律の専門家が作成するため、手間や費用はかかってしまうのですが、法的に裏づけされた文書になるため、そのような心配がありません。

遺言書作成の流れ

① 財産の内容を確認
　↓
② 相続税の試算
　↓

③ 分割案の検討
　↓
④ 遺言書の文案作成・確認
　↓
⑤ 公証人との遺言書文案の調整
　↓
⑥ 公正証書遺言の作成

　まずは相続する財産のたな卸しを行ないます。銀行口座や証券会社の口座など取引口座はいくつありますか。骨董品や宝飾品などはありますか。
　保険、リゾートやゴルフの会員権なども含め、すべての財産を確認します。賃貸不動産をお持ちであれば、入居状況までしっかりと調べましょう。
　財産目録を作ったら、次に「誰に何を相続させるのか」を決めます。ご自身の財産であれば、「今後、世話になるのは誰なのか」「事業を継ぐのは誰か」「家族が仲良く暮らすためには」など、老後の生活を具体的に考えて、家族の関係を見つめなおすきっかけにもなります。
　また、併せて相続税の試算も行ないます。こちらは専門家にお願いするほうが良いでしょう。
「相続税なんて関係ない」と思っていても、知らないうちに法改正が行なわれ、相続税がかかるようになっていたこともありますし、相続税の支払いはなくても申告を行なわなくてはならないケースもあります。
　1章（P25～）に詳しく記載がありますが、税金の法律は頻繁に変わります。また税理士など専門家であっても、相続の経験が豊富で知識のある専門家でなければ、税金の控除や評価減を見落とすケースもありえるのです。

また、ご夫婦であれば、ご主人の遺言書を作成する際に、配偶者である奥様のこともよく考えましょう。

　たとえば、病弱な奥様であれば通院や入院にかかるお金のこと、世話をする家族のこと、それから自身が亡くなった後を考えます。奥様が亡くなった際には「二次相続」となりますので、ある程度の資産をお持ちであれば、自身の死の「その先」を見据える必要もあります。

　二次相続まで考えることによって、財産の分割案も変わります。ご家族はもちろん、信頼できる専門家とよく検討してから分割案を考えましょう。

　相続税がかかる場合、かからない場合どちらのケースであっても、分割案や遺言書の文案作成は専門家に依頼する方が安心です。

　必要書類の用意できたら公証役場に提出します。合わせて遺言書の文案に間違いがないか校正、最終的なチェックを行います。

　専門家へ依頼している場合は、こういった細かい調整は委託することができます。

　そして、いよいよ公正証書遺言の作成です。公証役場にて、公証人と証人2名の立会いのもと、遺言書を完成させます。

　3通作成して、原本は公証役場に保管されます。正本と謄本の2通を受け取れるので、1通を遺言執行者に預けておくとよいでしょう。

公正証書遺言作成の準備（必要書類、費用等）

☐遺言者の印鑑証明書（発行後3ヶ月以内のもの）
☐遺言者と相続人の続柄がわかる戸籍謄本等
☐相続人以外に財産を相続させる場合は、その人の住民票等
☐相続財産の資料
　不動産の場合：登記事項証明書および固定資産税評価証

明書

不動産以外の場合：預金通帳（金融機関名・支店名・概算金額のメモ）、株券（証券会社名・支店名のメモ等）

☐遺言作成当日に立ち会う証人2名の住所・氏名・生年月日・職業のわかるメモ

（未成年者、推定相続人、受遺者、推定相続人と受遺者の配偶者および直系血族は証人になれません。証人は公証役場より紹介も可能です）

☐遺言執行者の住所・氏名・生年月日・職業のわかるメモ
※遺言執行者の指定は任意

（証人、推定相続人、受遺者でも指定することができます）

☐祭祀継承者の指定（仏壇やお墓を誰に継いでもらうか）
※任意

☐付言事項　※任意

☐遺言作成当日には遺言者の実印、証人2名の認印（シャチハタ不可）

☐公証人の手数料（専門家に依頼した場合は別途手数料）

公正証書遺言書作成の手数料

公正証書遺言の作成費用は、手数料令という政令で法定されています。財産額に応じてその手数料が定められています。

（目的財産の価額）	（手数料の額）
100万円まで	5000円
200万円まで	7000円
500万円まで	11000円
1000万円まで	17000円
3000万円まで	23000円
5000万円まで	29000円
1億円まで	43000円

※遺言加算といって全体の財産が1億円以下のときは、算出された手数料額に1万1000円が加算されます。

※1億円を超える部分については、
1億円を超え3億円まで　　5000万円毎に　　1万3000円
3億円を超え10億円まで　5000万円毎に　　1万1000円
10億円を超える部分　　　5000万円毎に　　　8000円
がそれぞれ加算されます。

※遺言者が病気または高齢等のため公証役場に赴くことができず、公証人が病院、ご自宅、老人ホーム等に赴いて公正証書を作成する場合には、上記の手数料が50％加算されるほか、公証人の日当と現地までの交通費がかかります。

相続税試算、遺言書文案作成、公証役場の立会いなど、相談から作成まで一連の業務を当事務所でもお手伝いすることができます。お気軽にご相談ください。

② 保険金の控除、受取人指定

保険金は現金のまま相続するよりお得！

多くの人が加入している生命保険ですが、死亡保険金は被相続人が亡くなってから支払われます。

つまり、相続が発生した時点で受取人である相続人固有の財産となるため、相続財産ではありません。税法上は「みなし相続財産」と呼ばれ、課税対象になります。

生命保険には「500万円×法定相続人の数」という非課税枠があるため、現金をそのまま相続するより有利といえます。

また、受取人を指定することが可能です。とはいえ、長男を保険金の受取人に指定したら、他の兄弟から「不公平だ！」と

声が上がるなど、まったく問題にならないかといえば、そうは言い切れません。

しかし、現金のまま長男が相続すれば、遺言の内容に関わらず、他の兄弟も遺留分を受け取る権利が発生しますが、保険にすることで民法上の「相続財産」ではなくなるため、「遺留分減殺請求の対象」からは外れます。遺留分減殺請求の対象についてはP164に詳しく記載があります。

【チェック！】
・保険金は「相続財産」ではなく「みなし相続財産」
・「500万円×法定相続人の数」までは非課税
・遺留分減殺請求の対象外

③ 生前贈与❶
暦年贈与で次世代に財産を移転

早くはじめるのがお得な「暦年贈与」

まとめて贈与を行なうのではなく、毎年少しずつ贈与を行なっていく「暦年贈与」であれば、年間110万円までが基礎控除額として非課税になります。

また、この基礎控除は贈与を受ける人、1名に対して110万円が認められているため、子供が2人いれば220万円、3人いれば330万円までが非課税になり、これを毎年続けることで、大きな節税効果を得られます。

ただし、注意しなくてはいけないのは、毎年同じ日に同じ金額を贈与した場合は「連年贈与」とみなされて、合算した金額に対して贈与税がかかることもあります。

そのため、贈与額や贈与の時期を毎年変えるなどして、「連年贈与」とみなされないように工夫する必要があります。

相続税発生から3年前までの贈与は相続税の対象となりますので、この暦年贈与はなるべく早いうちから行ない、財産を賢く次世代へ移転させましょう。

もう一点、注意として「名義預金」があります。贈与をする際は、贈与を受ける側も了承していることが基本です。親が子供の知らない内に、子供名義の通帳を作って、そこへ毎年110万円振込みを行なったとしても、これは「名義預金」と見なされ、親の財産として扱われます。

このような「みなし財産」は預金の他に名義を変えた保険契約等も課税財産となります。預金や保険契約は名義変更が簡単にできるため、税務調査の対象になりやすいことを覚えて置いてください。

〔チェック！〕
・年間110万円以下の贈与は非課税
・早めに行うことで効果は大！
・「連年贈与」「名義預金」と見なされないように注意

④ 生前贈与❷　相続時精算課税制度

もうひとつの生前贈与「相続時精算課税制度」

生前贈与には「暦年贈与」のほかに「相続時精算課税制度」があります。

「暦年課税」は年間110万円まで子・孫が基礎控除となり、まとまった財産を贈与するためには長い期間が必要となりますが、「相続時精算課税制度」であれば、最大2500万円まで贈与税が課せられません。

といっても、将来、相続が発生した際に、この金額が相続財

産に合算されます。つまり贈与税が無税になるのではなく、税金の支払いが「先送り」となる仕組みなのです。

また「相続時精算課税制度」には以下のような適用条件があります。平成27年1月より受贈者の対象に孫も増えました。

「相続時精算課税制度」適用条件

> ☐財産の贈与をした人（贈与者）は60歳以上の父母・祖父母
> ☐財産の贈与を受けた人（受贈者）は20歳以上の推定相続人である子または孫
> ☐特別控除額　贈与者1人あたり2500万円
> ☐2500万円を超えた金額に対して一律20％

制度のメリット・デメリット

税金の支払い時期が変わるだけのイメージがある「相続時精算課税制度」ですが、人によっては、利用することにより節税効果が得られこともあります。

では、この制度のメリットとは何でしょうか。たとえば、今後値上がりが見込める土地があります。贈与時の評価額が2500万円として、相続時の評価が5000万円の場合では、「相続時精算課税制度」で生前贈与を行なっておけば、贈与時の評価額2500万円に対して課税されることになります。その結果、原則に従った評価である5000万円に比べて税金は安くなります。

もうひとつのメリットとしては、この土地にアパートやマンション等の収益物件があった場合、あらかじめ贈与を受けることにより、賃料収入が相続人の財産となります。

贈与をせずに持ち続けていれば、賃料収入によって財産が増えますので、これもまた相続税の対象になってしまいますから、あらかじめ収益性の高い財産を移転することで節税効果が得られるのです。

デメリットですが、この制度を選んだ場合は、年間110万円控除の「暦年贈与」が行なえなくなります。
　この制度を適用する場合は、あらかじめ税理士に相談して、メリット、デメリットをよく検討してから選ぶようにしましょう。

〔チェック！〕
　・今後値上がりが期待できる資産に有利
　・「暦年贈与」と「相続時精算課税制度」の併用はNG
　・「相続時精算課税」を選択すると、「暦年贈与」に戻れない

⑤ 財産の圧縮　専従者給与など

節税対策としての専従者給与
　相続人である家族従業員へ「専従者給与」を支払うことにより、財産の圧縮を行なうことができます。
　労働の対価を払うことで、相続財産を移転させることになり、結果として節税にがるということです。
　「専従者給与」とは生計を一にする配偶者、その他の親族へ支払う給与のことで、原則では、家族へ支払われた費用は一切必要経費として認められません。
　しかし、一定の基準を満たしている家族従業員に対しては、その家族へ支払った給与を必要経費として計上することが認められます。
　なお、生計を一にしない親族への給与は、通常の従業員給与と同じ扱いなので必要経費とできます。
　青色申告者である事業主より給与を支払い必要経費にすることにできる親族のことを「青色事業専従者」といい、認められる経費のことを「青色事業専従者給与」といいます。

専従者が一定の条件を満たしていることと、事前に税務署へ届出ていることが条件となります。

「青色専従者」の適用条件

□青色申告者と生計を一にする配偶者、またはその他親族であること
□その年の12月31日現在で、年齢が15歳以上の親族
□その年を通じ、原則として6ヶ月を超える期間、青色申告の承認を受けている者の経営する事業にもっぱら従事する者であること

〔チェック！〕
・条件を充たした家族従業員に給料を払うことで財産を圧縮

⑥ 親から子へ住宅取得資金援助

住宅取得資金援助による節税

親から子供への住宅取得資金援助はわりとよくあるケースです。平成26年中までは、20歳以上の人が直系尊属から省エネ・耐震住宅を取得するための資金援助を受けた場合は、一定の条件を充たすことにより1000万円まで贈与税が非課税となっていましたが、平成27年1月1日より以下の通り改正されました。

＜住宅取得資金援助による非課税枠の一覧表＞

イ 住宅用家屋の取得等に係る対価の額又は費用の額に含まれる消費税等の税率が10％である場合

住宅用家屋の取得等に係る契約の締結期間	良質な住宅用家屋	左記以外の住宅用家屋
平成28年10月～平成29年9月	3000万円	2500万円
平成29年10月～平成30年9月	3500万円	1000万円
平成30年10月～平成31年6月	1200万円	700万円

ロ 上記イ以外の場合

住宅用家屋の取得等に係る契約の締結期間	良質な住宅用家屋	左記以外の住宅用家屋
～平成27年12月	1500万円	1000万円
平成28年1月～平成29年9月	1200万円	700万円
平成29年10月～平成30年9月	1000万円	500万円
平成30年10月～平成31年6月	800万円	300万円

（注）良質な住宅用家屋とは省エネルギー性・耐震性・バリアフリー性を備えた住宅

　今後も改正される可能性があるため、住宅取得資金援助を行うときは、必ず最新の情報を確認しましょう。

「住宅取得資金援助」の適用条件

> □制度の対象は「直系尊属」（父母や祖父母など）
> □贈与を受ける人の所得金額は2000万円以下であること
> □新築・増築ともに床面積が50平米以上240平米以下で、面積の2分の1以上が居住スペースであること（東日本大震災の被災者の場合には床面積の上限はありません）
> □住宅取得資金の金銭贈与が対象となり、不動産の贈与は

対象外
☐贈与を受けた年の翌年3月15日までに自己の居住の用に供すること

【チェック！】
・条件を充たせば1500万円まで非課税
（平成27年12月31日まで）
・金銭の贈与のみが対象で不動産贈与は対象外

⑦ 不動産投資による節税効果

土地の有効活用、アパート建築による財産の評価減

　使っていない土地にアパートやマンションなど、賃貸物件を建てることにより相続税は安くなります。その理由は二つあります。

　まず土地の評価です。宅地の自用地に比べ、貸家建付地は借地権割合に借家権割合を乗じた金額分を差し引くことができる分、安くなります。

　説明が難しくなってしまいますが、要は人に貸すことによって土地の評価が下がるのです。

　続いて家屋の評価ですが、基本的に固定資産税評価額を基にして計算を行います。貸家であれば、建築費総額に比べて固定資産税評価額は低く、借家権割合を差し引くこともできるため、現金のままよりも評価額が低くなります。

　これも人に貸すことによって、評価が下がります。

　たとえば、1億円の賃貸アパートを建てたとします。新築のアパートに入居がありました。

他人が生活を営んでいるのですから、「出て行け！」と言ってもそう簡単には出て行くことはできないため、資産としての価値が下がります。なんと3割も下がるのです。

なお、借家権割合は全国一律30％ですが、借地権割合は地域によって異なり、60〜90％程度に設定されています（3章の事例では60％を使用しています）。

満室にすればさらに税金が安くなる！

具体的に説明しますと、1億円のアパートを建てれば、固定資産税評価額は現金で持っている場合に比べて、おおよそ5〜6割の評価になります。

新築物件ができたところで、全室入居すれば相続税評価額が4200万円ほどになります。

$$\boxed{6000万円 \times 0.7 = 4200万円}$$

アパートやマンションメーカーが「アパートを建てて評価を下げましょう！」という場合はこれです。

相続税対策で一番大きい効果があります。このようなコントロールは私たち税理士がやりますが、メーカーの営業マンも「相続税対策」を強調しています。

以上は1億円の物件ケースですが、10億円の物件ケースなら10倍にすればわかりやすいでしょう。10億円で建てた物件がなんと4億2000万円まで下がるのです。基本的には入居率100パーセント、満室でないといけません。

実際に川崎であった例です。相続税対策のためアパートを建てたのですが、半分も入居がありませんでした。満室ではないのに、満室であるかのような申告書を出してしまったので、後で問題になりました。

ただし厳密なルールなどありません。「1部屋だけなら3ヶ月

くらい空室になっていても大丈夫だろう」など、税務上の取り扱いは様々です。
・入居率が低いと評価が高くなる
・入居率が高いと評価が低くなる

　満室で入居者が大勢いると、退去にあたっては簡単にはいきません。人が生活しているのですから退去費用であったり交渉が必要になります。すぐに退去させることができないため、建物の評価額が下がります。

　ここまでは建物でしたが、土地についても貸家建付地の評価減があります。

　よく、「借入をして建てないと意味がない！」「借入をいっぱいしなさい！」と話す人がいます。

　これは正確ではありません。自己資金で物件を建てた場合でも、金融機関より借入をして建てた場合でも結果は同じです。

借家権と借地権・・・評価が低くなる

　ここで借家権と借地権について、もう少し踏み込んで説明します。貸家建付地というのは、貸家を建てた土地という意味です。

　上に住んでいる住民に、先述した借家権（3割＝30パーセント）の権利があります。上物の権利（借地権）が6割のうち、3割に権利があるという見方をします。

```
借家権　借地権
0.3  ×  0.6  ＝ 0.18
```

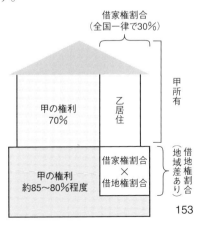

この分だけ減額ができます。これが貸家建付地です。私がセミナーでお話しても、ほとんどの方が理解できない難しい話です。
　大雑把には「入居者がいると評価が低くなり、それだけ税金が安くなる」というイメージです。
　土地については上に物件があると貸宅地という発想になります。たとえば、ある地主の土地に、別のとある企業の社長がビルを建てたとします。
　このとき社長の方に6割の権利（借地権）があります。この敷地を貸宅地といいます。
　物件を持っている社長の権利（借地権）が6割で、地主の権利（底地権）は4割です。銀座になると9：1にもなり、建物を持っている立場の権利が強くなります。

借家権	借地権	
0.3	× 0.9	= 0.2

　ちなみに立地が銀座ともなれば、入居者を入れるだけで税金はものすごくお得になります。なんと27パーセントも安くなります。
　場所がよければよいほど減税率が高くなる可能性があります。1億円の土地なら2700万円も安くなります。
　とはいえ、借金までしてアパートやマンションを建てたところで、収益性が伴わなければ、経営が立ち行かなくなる場合もあります。
　安易に「節税のため」だけを考えるのではなく、賃貸事業として、やっていけるのかをきちんを考えて行ないましょう。

【チェック！】
・アパート、マンションを建てると財産評価が下がる

・節税になるからといって安易にはじめるのは危険！

⑧ 養子縁組による節税ノウハウ

孫を養子にして基礎控除を増やすことも

　節税対策としての養子縁組にはいつかのメリットがあります。

　まず相続税の基礎控除額が一人につき、600万円増加します。それに加えて相続税は所得税と同じように、超過累進税率なので、相続人が増えることにより、一人当たりの相続分が減少し、場合によっては税率が下がります。

　また相続税の計算は、相続人個々の税額を計算し、その合計額をもって相続税の総額となります。相続人個々に控除額がありますが、相続人が増えることでその養子の分の控除額が増加します。結果、養子をとると税額は必ず減少します。

　生命保険、退職手当金の非課税限度額は「500万円×法定相続人の数」のため、相続人が増えると非課税枠も増加します。

　なお、法定相続人の数に含めることができる養子の数には上限があります。実子がいる場合には養子のうち1人、実子がいない場合には養子のうち2人までが認められています。

相続税の基礎控除額
　3000万円＋600万円×法定相続人の数
　　→養子1人によって控除が600万円増加！
生命保険、退職手当金の非課税限度額
　500万円×法定相続人の数
　　→養子1人によって非課税限度額が500万円増加！

資産家の方々は、孫を養子縁組して、相続人とすることも考えられます。孫養子に財産を相続させた分だけ、相続を一代とばすことができます。

　ただし、被相続人の養子となった被相続人の孫（代襲相続人である者は除く）は、相続税額の2割加算制度の対象に追加されますので、ご注意ください。

　また未成年の養子縁組を行ない、相続時に分割協議を行なう場合には、特別代理人選任の審判の証明書が必要になります。できれば、養子縁組は成人してから行なうのが好ましいでしょう。

＜特別代理人選任の審判の証明書　記載例＞

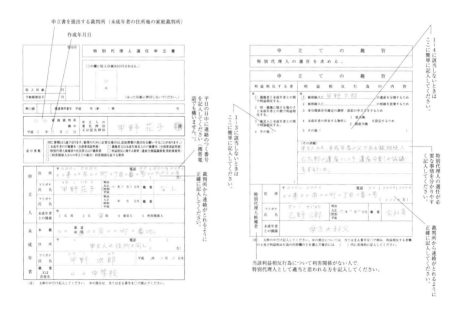

〔チェック！〕

・養子縁組で基礎控除が600万円、生命保険金、退職手当金の非課税限度額は500万円増加

・養子縁組には制限がある（実子がいれば養子のうち1人、実子がいなければ養子のうち2人）

読者に知っておいてもらいたい
有利になる6つの税務控除&特例

　相続税を支払うのは国民の義務ですが、様々な特例や控除があります。「知らない」ことによる不利益が多くなりがちなのは相続税です。
　ここでは、本書の読者に向けた、相続のときに知っておくと有利になる税務控除&特例をご紹介します。平成27年1月より改正された部分もあり、少し難しい話も含まれますが、ご自身に関係があると思われた部分だけでも目を通してください。きっとあなたのお役に立つはずです。

① 小規模宅地等の特例特例

適用で相続税がゼロになるケースも！？

相続で法定相続人が住居や事業用の土地を手放さなくてもすむように、宅地の評価額を一定の割合で減額できる制度を「小規模宅地等の特例」といいます。

被相続人または被相続人と生計を一にしていた親族の事業（不動産の貸付含む）に使用されていた宅地等、または居住用の宅地等で建物や構築物の敷地として使用されるものが対象となり、それぞれ限度面積までが減額されます。

大増税といわれる平成27年の改正ですが、この「小規模宅地の特例」に限っては、見直しによって税額控除が拡大されています。

居住用の敷地に対する限度面積の拡大

相続の開始直前まで居住用に使っていた宅地を、配偶者や同居していた親族等が相続し、一定の要件に該当する場合、土地の課税価格を80％まで減額することができます。

これには限度面積要件があるのですが、平成27年1月より拡大されて、それまでの240㎡から330㎡に引き上げられて、さらに課税価格を引き下げることができるようになります。

たとえば、路線価が20万円の地域であれば、240㎡であれば3840万円まで土地の評価減が可能となります。ところが限度面積が330㎡まで拡大されたため、330㎡以上の場合、最大で5280万円の評価減が可能となります。

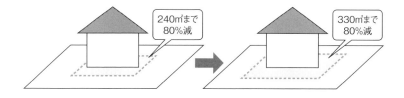

```
改正前
路線価(1㎡あたりの基準価格)　適用限度面積　減額割合　評価減価額
路線価20万円　×　240㎡　×　▲80％　＝　840万円
　↓
改正後
路線価(1㎡あたりの基準価格)　適用限度面積　減額割合　評価減価額
路線価20万円　×　330㎡　×　▲80％　＝　5280万円
```

事業用の敷地を含め最大730㎡まで適用可能

　これまでは居住用の敷地だけで限度面積を使い切ってしまった場合、事業用の敷地には特例を適用する余地がなかったのですが、法改正によりそれが可能となります。

　つまり事業を行なっている方であれば、自宅の敷地を限度面積（330㎡）まで評価減した上に、さらに評価減対象となる土地が400㎡追加されるということです。

　事業用宅地とは、事務所や店舗、農業を営んでいる方であれば、農具置き場などがあげられます。

　平成27年1月以後に相続の開始のあった、被相続人に係る相続税について、小規模宅地等については、相続税の課税価格に算入すべき価額の計算上、左の表に掲げる区分ごとに一定の割合を減額します。

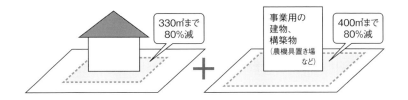

「貸付事業」とは、「不動産貸付業」、「駐車場業」、「自転車駐車場業」及び事業と称するに至らない不動産の貸付け、その他これに類する行為で相当の対価を得て継続的に行なう「準事業」をいいます。

〈小規模宅地の特例の宅地要件と減額される割合〉

宅地等	名　称	減額割合	上限面積	
			改正前	改正後
事業用	特定事業用宅地等	80%	400㎡	400㎡
不動産貸付	貸付事業用宅地等	50%	200㎡	200㎡
居住用	特定居住用宅地等	80%	240㎡	330㎡

改正前

「限度面積」については、「特定事業用宅地等」、「特定同族会社事業用宅地等」、「特定居住用宅地等」及び「貸付事業用宅地等」のうちいずれか2以上についてこの特例の適用を受けようとする場合は、次の算式を満たす面積がそれぞれの宅地等の限度面積になります。

　A＋（B×5/3）＋（C×2）≦400平方メートル

　A：「特定事業用宅地等」、「特定同族会社事業用宅地等」
　　の面積の合計（①＋②）

> B:「特定居住用宅地等」の面積の合計（⑥）
> C:「貸付事業用宅地等」の面積の合計（③＋④＋⑤）
>
> ↓
>
> 改正後
>
> 　A×200／400＋B×200／330）＋C≦200㎡
>
> 　Cに適用しなければA400㎡とB330㎡の完全併用（合計730㎡）が可能となります。

二世帯住宅、老人ホーム入居の用件緩和

平成22年の税制改正では小規模宅地の特例の適用条件が厳格化されて、「亡き親と同居する遺族が相続税の申告期限まで居住を継続する場合」などの適用条件が追加されています。

この制限を巡って、二世帯住宅や老人ホーム入居の場合はどうなるのかといった議論が実務家の間で沸騰していたのですが、平成26年1月から一部緩和されました。

これまで建物の内部で二世帯の居住スペースがつながっていない場合には、建物全体を被相続人の居住用とすることができず、敷地を面積按分して特例が適用されていました。

改正後では、つながっていなくても継続用件（保有及び居住）を満たせば、建物全体を被相続人の居住用として、特例の適用ができることとされます（区分所有マンションの場合は、被相続人の居住部分のみ対象）。

また、老人ホームに入所して、老人ホームの所有権や終身利用権を取得したとしても、自宅を貸付用に供していない等の条件を満たしていれば、特例を適用できることになりました。

これは入所段階で介護の必要がなく健常者であっても、相続開始時点で要支援・要介護である場合も含まれます。

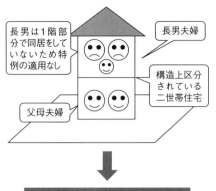

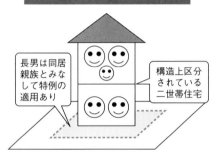

「小規模宅地等の特例」の適用条件

☐ 自宅の土地は、配偶者、相続の3年以内に持ち家のない別居親族（申告期限まで保有）、同居または生計を一にする親族（申告期限まで保留、居住）が対象
☐ 自宅兼その他用途（たとえば店舗等）は、居住分までが対象となり、その他用途分はその条件ごとに判断
☐ 会社、工場の土地は親族が対象（申告期限まで保有、事業引継ぎ）
☐ アパート、駐車場の土地は親族が対象（申告期限まで保有、事業引継ぎ）

【チェック！】
- 条件が合えば土地評価額の8割が減額
- 居住用の敷地に対する限度面積が330㎡に拡大
- 事業用の敷地を含め最大730㎡まで適用可能
- 二世帯住宅、老人ホーム入居の要件緩和

② 配偶者の税額軽減

配偶者には相続税の税額軽減がある！

相続税を計算するとき、配偶者には「配偶者の税額軽減」という制度があります。配偶者の相続分が法定相続分（または1億6000万円のどちらか多い方の金額）以下である場合には、配偶者へ相続税はかかりません。

配偶者の税額軽減額＝相続税の総額×①と②の少ない額÷全員の課税価格の合計額
① 課税価格のうち、配偶者の法定相続分（1億6000万円に満たないときは1億6000万円）
② 配偶者の相続する課税価格配偶者の相続財産≦相続財産全体×配偶者の法定相続分
　↓
相続税は無税

【チェック！】
- 配偶者の相続分が法定相続分、もしくは1億6000万円以下である場合は、相続税がかからない

③ 夫婦間における居住用財産の贈与

長年連れ添った夫婦間の贈与はお得

　婚姻期間20年以上の夫婦間で行なう贈与では、「贈与税の配偶者控除」という特別な措置があります。自宅など居住用不動産の贈与を受けた場合、基礎控除と合わせて2110万円の控除を受けられます。

　また店舗兼住宅のように居住用だけでない場合は、居住部分と店舗用の部分の面積按分によって財産の価格を計算します。

【チェック！】
・結婚して20年以上の夫婦は居住用不動産2110万円控除

④ 遺留分の減殺請求

「遺言書」では、一定の法定相続人には「遺留分」がある

　たとえば、成人して独立した子供2人がいるお父さんが、内縁の妻に「財産はすべて遺贈する」という遺言を残して亡くなったとします。

　この場合は、内縁の妻へ100％遺贈されるかといえば違います。一定の法定相続人にはそれぞれの法定相続分の2分の1（あるいは3分の1）の「遺留分」があります。

　遺言による遺贈は、法定相続分に対する権利よりも優先されますが、そうすると相続人の権利が多大に侵害される可能性もありますので、一定の遺留分を定めて、相続人の権利を保障し

ているのです。

　そのため遺贈による財産取得でも、相続人が遺留分の権利を主張すれば、遺留分に相当する部分の遺贈は無効になります。

　相続開始および減殺すべき贈与、または遺贈のあったことを知ったときから1年間、相続開始のときから10年間に限り、内縁の妻に対して「遺留分減殺請求」（遺留分の相続財産を請求すること）が可能です。

　ご自身が遺言書を作成する際、遺留分減殺請求が行なわれることを考慮する必要がある場合は、生命保険金を活用する方法があります。

　請求される可能性のある相続人を、生命保険金の受取人に指定します。生命保険金は受取人固有の財産であるため、遺留分の計算の基礎とされる特別受益には該当しません。

　相続財産の対象外となるため、保険金受取人が全額を受領しますので、受取人はこれをもって遺留分減殺請求が行なわれた場合の原資とすることができます。

<法定相続分と遺留分>

相続人	相続分	遺留分
配偶者 子（または孫）	配偶者　1/2 子　　　1/2	配偶者　1/4 子　　　1/4
配偶者 父母（または祖父母）	配偶者　2/3 父母　　1/3	配偶者　1/3 父母　　1/6
配偶者 兄弟姉妹（または甥・姪）	配偶者　3/4 兄弟姉妹　1/4	配偶者　1/2 兄弟姉妹　なし
配偶者のみ	全部	1/2
子（または孫）のみ	全部	1/2
父母（または祖父母）のみ	全部	1/3
兄弟姉妹（または甥・姪）のみ	全部	なし

【チェック！】
・一定の法定相続人には法定相続分の2分の1（あるいは3分の1）の「遺留分」がある
・法定相続人の「遺留分減殺請求」は知った時から1年間、相続開始から10年間可能

⑤ 相続が10年以内に続く場合は、相次相続控除

相続が続くと税金が安くなる！？
　相次相続控除とは、過去10年以内に相続税を支払っていれば、後の相続で相続税を引くことが可能なのです。
　例えば最初に1000万円の相続税を払っていたら、次の年は900万円という具合で10分の1ずつ逓減されていきます。

【チェック！】
・10年以内に相続が続いたときは控除が受けられる

⑥ 土地の評価

不動産評価額の計算方法とは？
　相続税を計算する場合、土地の評価は、その土地が面している道路に付けられている路線価を基準として評価する「路線価方式」と「倍率方式」があります。
　土地を評価する際にその地目は、宅地・田・畑・山林・原野・牧場・池沼・鉱泉地・雑種地に分けられます。
　相続税の評価のときは登記簿謄本に記載されている地目に関

わらず、相続開始日現在の土地の状況により評価方法が判断されます。

「路線価方式」による評価は、実勢価格の約8割程度です。ここに現金で1億円あるとして、現金のまま相続すると、1億円に対して課税されます。しかし、1億円の路線価区域にある土地を購入すると8000万円に対して課税されることになり、相続税の納税額は少なくてすみます。

路線価が定められていない宅地や田・畑・山林などの土地は「倍率方式」で評価します。固定資産税評価額に一定の倍率をかけて評価しますが、固定資産税評価額は通常、実勢価格の約7割程度です。

なお、建物の評価は人に貸していなければ固定資産税の評価額がそのまま課税価格になります。

市街化調整区域内の雑種地

市街化調整区域とは、都市計画法によって都市の健全な発展と計画的な街づくりを実現するために、「市街化を抑制する区域」として定められているものをいいます。

土地の利用にかかる規制が厳しく、特に宅地の以外の土地は、建物の建築は認められていません。

市街化調整区域内に所有している土地で、登記簿上の地目は畑でも、実際には駐車場や資材置き場など別の用途に利用している場合は「雑種地」として評価します。

評価方法は「近傍の宅地に比準する方法」と「近傍の畑に比準する方法」があります。宅地に比準する場合は市街化の度合いによって変わりますが、30%～50%減額して評価されます。

このいずれの方法を採用するかについては、評価対象の周辺の状況等をよく把握し、慎重に判断を行なってゆく必要があるといえます。

土地の評価に必要な書類

□土地の登記事項説明書（法務局）
□公図（法務局）
□住宅地図（法務局）
□固定資産税評価証明書（市町村）
□路線価または倍率表（税務署）

土地の評価を見直しましょう！

　相続における財産評価は一般的に現金より土地の方が低くなります。

　また、土地の中でも他人に貸しているものの方が評価額は下がります（P153）。使わない土地であれば貸してしまった方が税金対策になるということです。

　他にも土地の条件によっては通常の宅地に比べて評価額が下がりますので、自身が所有する土地、相続する土地については必ず把握しておきましょう。

　地主さんについては、特に大きな節税効果が見込めるため、専門家に依頼して調査することをおすすめします。

評価が下がる土地とは

　一定の条件を充たせば、通常の宅地よりも評価が下がり、相続税も安くなります。評価が下がる土地には次のものがあります。

・広大地

　広大地とは、その地域における標準的な宅地の地積に比べて、著しく広大な土地で開発を行なう際に、道路や公園といった公益的施設用地の負担が必要となる宅地をいいます。

　現況として建っているものが自宅でも貸家でも適用できます。

ただし、大規模工場用地や中高層の集合住宅の敷地に適しているものをのぞきます。

・土壌汚染、送電線、高低差のある土地等

　土地によって様々な評価減があります。土壌汚染では、その土地の浄化費用等に相当する分の評価減が認められます。
　土地が送電線の直下にあり、建築制限を受ける場合には30％の評価減になります。また高低差のある土地では、高低差によって土地を活用しにくくなるため、利用価値が著しく低下しているという理由で10％減額されます。

〔チェック！〕
　・土地を見直して課税評価額をダウン

> 「出発点を見失わないこと」
> をモットーにお客様の人生を
> サポートしていきたい
>
> 税理士　宮倉　正行

　私は一般財団法人で長らく経理関係の業務に携わっていました。しかし、「税務の知識を深めて、依頼者の方にご満足いただきたい」という思いが強まり、ランドマーク税理士法人に入社いたしました。

　当事務所に決めた理由は、清田代表の人間性に惹かれ、さらに税務にかける「思い」に共感したためです。

　清田代表は、「資産相続に悩む農家の人たちを、どうにかして救いたい」という「思い」から税理士を目指しました。

　1997年に設立された小さな税理士事務所は、当初は所長の実家の片隅からスタートして、現在では東京の「丸の内」「町田」「池袋」、横浜の「みなとみらい」「緑」「中山」「鴨居」、川崎の「多摩・川崎」と8つの拠点を持つに至り、スタッフも100名に手が届くところまで成長しました。

　これは、清田代表の二つの「思い」の結晶です。

　相談相手のいなかった農家や地主の方々に対して「助けたい」という「思い」。

　弁護士、司法書士をはじめとするパートナーとチームワークを築くことにより「もっと多くの声に応えられる」という「思い」。

　これらの「思い」は、いまでもスタッフ全員と分かち合い、個人・法人を問わず、相続税をはじめ、所得税、法人税、消費

税などあらゆる税目の申告を行っております。

　相続の悩みはどれも簡単ではなく、結果によっては先祖代々の大切な財産を処分しなくてはならないこともしばしばです。

　そのように本当に困って当法人へ来所され、最初は難しい顔をされているお客様が、最後に「ありがとう」と笑顔になる場面をたくさん見てきました。

　私はお客様からの声をお聞きするだけで仕事の意義を感じ、税務の仕事に携わる喜びを感じています。

　また、資産総額が大きな案件であったり、土地・不動産物件が多い案件の場合、リスクの大きさから案件を受けるべきか否か悩んでいる会計事務所からの依頼に対しても、当法人の経験とノウハウにより、サポート体制を整備し、税理士先生方のお力になっています。

　これまでの様々な取り組みやノウハウが認められ、テレビ出演、新聞・雑誌への掲載や、セミナー講師依頼などが非常に増えてきました。

　このころから出版社からの執筆依頼が続き、2012年に発行されて反響を呼んだ『円満相続のセオリー』(ごま書房新社)を皮切りに、次々に4冊の書籍を刊行。

　それまでの専門職の強い書籍とは違って、一般の方々向けにわかりやすく税務を解説した書籍ということで大好評を得ました。

　おかげさまで当事務所の仕事内容を知ってもらえることになり、その結果、全国のお客様からのご相談も頂戴しております。

　ランドマーク税理士法人の名前が広く世の中に出ることで、相続に困っている方々が当社と出会う機会が増えていることはうれしい限りです。

　同時に税理士・公認会計士・司法書士・行政書士など相続相談や実務に関わる専門家向けにはじめた「丸の内相続大学」で

は、業界内でも革新的な相続マイスター資格制度を学べる場として話題となり、現在6期を迎えることとなりました。

　数年の間に大きく発展した当事務所ですが、企業理念は設立当時のままを貫いております。

○「人々を導く道標となること」
　高いホスピタリティーをもって、お会いする全ての人々に感動を与え、めざすべき経営のかたち、組織の姿のお手本となる事務所をつくり上げること。
○「モニュメントのような存在感を持つこと」
　お客様の安心と信頼を積み上げ、さらに大きな存在感へと変わり、業界の中で確かなポジションを築くこと。
○「出発点を見失わないこと」
　つねに原点を忘れることなく、ゆるぎないお客様目線で業務にあたること。

　この理念の通り、これからもすべての税務問題に全力で臨んでまいります。
　そして、さらに多くの方の人生を幸せにできるように所員一同、ひたむきに努力していきたいと思います。そして、お客様の信頼を一つ一つ築き上げることができれば幸いです。

　　　　　　　　　　　　　　　　　　　宮倉　正行

おわりに

　私は横浜市内の農家に生まれ、幼い頃から農作業に励む両親の背中を見ながら育ちました。
　やがて大人になり、都市部の農家の実態を知ったとき、私は愕然としました。農家の多くは「土地」を持ち、地主として大きな税金を背負います。

　そもそも農家は市場の状況次第で、丹精込めて収穫した野菜が驚くほど安価になってしまうこともある仕事です。
　都市部の農家の多くは、家族みんなで一生懸命に働いて、やっと生活ができる・・・そんな状況でした。とても多額の相続税なんて払えません。
　いつかは家族で守り続けてきた、大切な居場所を失う日が来てしまう。
　わかっていても、毎日休むことなく畑に出て行く両親の姿を見て、私は居ても立ってもいられなくなりました。

「誰か、私たち農家を、家族を助けて欲しい」

　そう考えて、心から求め探しても、その「誰か」はどこにもいませんでした。
「だったら、自分でやろう」と、私は立ち上がりました。
　農家出身者ならではの視点で、農家が求める仕事をしよう。
　自分と同じように苦しんでいる農家と、その家族を守る仕事をしよう。

　この決意を胸に、私は税理士の道に進み、実家の隣りで小さな事務所をスタートさせたのです。
　そして、不安な顔を笑顔に変えたい。その一心で仕事を続け

ました。

「先祖代々の畑も、売るしかないのかねえ」
「息子や孫のことが心配でならない」

　農家や地主の方々の悩みの多くは、やはり相続の問題でした。この状況を変えるため、私たちは数多くの相続事案を手がけました。
「清田さんに相談して本当に良かった」
　不安でいっぱいだったお客様に笑顔を取り戻せたとき、この仕事を選んで良かったと確信しました。
　小さかった事務所は農業経営や相続対策を手がけながら徐々に成長し、企業規模の組織になっていました。
　次に私が切実に感じていたのは、個人事業主や中小企業の社長さんたちの大変さです。農家や地主の方々と同じように、お金や経営について相談できる相手がいないのです。
　個人事業主や中小企業もまた、助けを求めていました。
　もう答えはひとつしかありませんでした。
「だったら、自分がやろう」
　その結果、農家、地主、個人事業主、中小企業・・・様々なお客様のために、相続、税務会計、資産運用などの広域な仕事を手がける中で、弁護士、司法書士をはじめとするパートナーたちが徐々に増えていきました。
　ひとつの窓口で、複数の問題の相談、解決ができる頼もしいチームワークが生まれ、ワンストップのサービス体制を作りました。

　どんな立場の方でも、守りたい大切な場所があり、守りたい大切な人がいます。
　でも守る方法がわからなくなったとき、誰かの助けが必要に

なる。その「誰か」になることこそ私たちの使命だと感じています。

現在、当事務所では相続税に関する相談は8000件超、申告は1400件超を超えました。

これまでの実績を活かし、相続問題や不動産経営など総合的なコンサルティングを行い、皆様の相続を支援いたします。

皆さんに笑顔の相続が訪れることを心よりお祈りしております。

平成27年3月吉日

清田幸弘

著者：清田幸弘への取材・講演依頼・ご質問等は、
ランドマーク税理士法人サイト
http://www.zeirisi.co.jp
までお問い合わせください。

著者略歴

清田 幸弘 (せいた　ゆきひろ)

ランドマーク税理士法人／ランドマーク行政書士法人　代表。税理士、農協監査士、行政書士、宅地建物取引主任者、元山梨学院大学講師、丸の内相続大学校主宰。

神奈川県横浜市生まれ。明治大学卒業。横浜農協（旧横浜北農協）に9年間勤務、金融・経営相談業務を行う。資産税専門の会計事務所勤務の後、1997年、清田幸弘税理士事務所設立。その後、ランドマーク税理士法人に組織変更し、現在8つの本支店で精力的に活動中。特に相続案件に強く、相続対策相談数8000件超、申告数1400件超の業界では圧倒的な実績を持つ。

また、講演依頼も多く、税理士会、弁護士会、全国賃貸住宅新聞、農協連合会、各農協、ハウスメーカー等で年間250回以上登壇。民放TV局、新聞全国紙からも相続問題の専門家として随時コメントを求められている。著書に『大増税時代到来－そろそろ相続のこと、本気で考えないとマズイですよ！』（あさ出版）『11人の解決事例より学ぶ　円満相続のセオリー』（ごま書房新社）『土地・相続・税金を極めるためのパーフェクトガイド　不動産オーナーの相続実務（日本法令）ほか多数。

■ランドマーク税理士法人　http://www.zeirisi.co.jp
■丸の内　相続大学校　http://inheritance-college.jp

まだ間に合う！
モメない、払いすぎない"相続"の備え

著　者	清田 幸弘
発行者	池田 雅行
発行所	株式会社 ごま書房新社
	〒101-0031
	東京都千代田区東神田2-1-8
	ハニー東神田ビル5F
	TEL 03-3865-8641（代）
	FAX 03-3865-8643
巻頭デザイン	井関 ななえ（株式会社EmEnikE）
編集協力	布施 ゆき
印刷・製本	東港出版印刷株式会社

© Yukihiro Seita, 2015, Printed in Japan
ISBN978-4-341-13242-2 C0077

学べる実用書が満載　ごま書房新社のホームページ
http://www.gomashobo.com
※または、「ごま書房新社」で検索